韓国人が書いた

韓国で行われている「反日教育」の実態

崔《チェ》碩《ソ》学《ギョ》

彩図社

はじめに

２０１９年10月、韓国のソウルにある、とある公立高校の体育大会で教師が学生らに「ＮＯ安倍」「日本は反省しろ」「安倍自民党は滅びろ」といった反日的な内容のスローガンを叫ぶように強制するという事件が起きた。そしてそれを拒絶する学生には「お前はネトウヨか？」という暴言を浴びせて黙らせたと報じられ韓国内でも話題になった。

この事件は学生たちの告発により報じられるところとなったが、実はこの高校は韓国版日教組といえる左翼団体「全教組」に属している教師が多いことで知られている学校だ。公立高校の教師が隣国や隣国の首脳を罵倒する行為を強制したという事実に驚く人も多いかもしれないが、これは現在の韓国の学校で行われている教育の実情を表す生々しいエピソードの１つである。

２０１７年、韓国に文在寅《ムンジェイン》政権が発足して以来、日韓関係は徐々に悪化している。慰安婦合意の事実上の破棄、朝鮮人動員労働者への賠償判決（いわゆる徴用工裁判）、韓国軍艦のレーダー照射事件、日本の戦略物資輸出厳格化、韓国のＧＳＯＭＩＡ破棄決定、韓国の日本ボイコット運動……などと続き、現在に至っては韓国の歴代政権の中でも最も両国関係が悪化している。

新しい局面を迎えるたびに日本のテレビに登場するのは韓国人が感情的な反日感情を爆発させるシーンだ。街に出て反日スローガンを叫び、日本商品を破壊し、不買運動を展開する。このような反日感情は日本と日本人だけを対象にするものではない。日本商品を使ったり、日本旅行を楽しむ韓国人に対してもバッシングを加え、「非国民」扱いする。個人の好みや選択より、集団の当為《とうい》が優先されるのだ。これは誰の目にも感情的で、非理性的な行動に映るだろう。では、その理由はなんだろうか。

理由は想像以上に複雑だ。よく指摘されるのは、過去35年間の日本統治が残した「負」の感情、「儒教思想」といわれる韓国人特有の価値観や感性、言論の刺激的な報道、反日的な学校教育、政府の反日教育利用などである。どれが一番大きな理由なのかは人によって意見が違うだろう。しかしはっきりいえるのは現在韓国で見られる反日感情は「日本の統治」が主な原因ではないということだ。

度々、日本のメディアで「韓国は反日教育をしていない」という主張を見る。私はそのような主張を聞くたびに首を傾げる。最初に言及した高校の話だけではなく、韓国内でも反日教育に対する批判や指摘があるのに、日本でそれを否定する動きには韓国人である私も違和感を覚えるからだ。しかし、それはおそらくそれぞれが考える反日教育の「定義」が違うからだと思う。

確かに教科書の記述と単語だけを見たら、敵愾心や嫌悪感を学生に植え付けるような表現はさほど目立たないかもしれない。しかし、それだけを見て反日教育はないと断言できるだろうか。

私が思う反日教育の定義は次のようなものだ。まだ、国家、民族、イデオロギーなどに対する概念が頭の中で固まっていない子ども、つまり日本に対して何の先入見や偏見を持っていない子どもが小学校に入り、義務教育と高等教育を通して日本に対する反感や憎しみを覚えるようになったのなら、それが「反日教育」だ。

お化け屋敷に入る前は、暗闇やお化けに対して恐怖を感じなかった子どもが、外に出てから暗闇やお化けに対して恐怖を感じるようになったとしよう。お化け屋敷の中で誰かが子どもに「暗闇は危ない」「お化けは怖いよ」と言い聞かせたわけでも、教えたわけでもない。しかし、子どもは外部の刺激に反応し恐怖を覚えるようになる。恐怖を覚えるように仕向けること、私はそれが教育だと思う。

今の韓国の小学生たちを見たとき、日本に対して反感や憎しみを持っていることが多い。その中には何らかの体験や事件を通して反日の催眠から目覚める者もいるが、多くは日本に対する反感を持ったまま成長し大人になる。もし、その人が日本人から被害を受けたり、日本旅行で嫌な思いをしたため日本に対する反感を持つようになったというなら、それは十分理解できる。

しかし、残念なことは多くの場合、日本や日本人との接触、つまり「直接体験」ではなく、教育と伝聞による「間接体験」だけで反日感情を抱いているということだ。その間接体験の代表的なものが「教育」と「言論報道」だが、本書においては教育に焦点を当て説明したいと思う。私が直接受けた教育の体験や、今改めて韓国の教育を考察し、新たに発見した内容を盛り込んだ。

この本を通し、韓国人の反日感情が後天的なものであり、自らの体験ではなく歪んだ学習や情報習得により起きているということを日本の読者に伝えることができればと思う。私を含む多くの韓国人の人格形成のベースを知ること、そしてその後の教育変遷を知ることで、今の、そして今後の世代の韓国人を知り、互いに心地よい関係を構築するための良きヒントとしてほしいと望む。

韓国人が書いた
韓国で行われている「反日教育」の実態

目次

第3章　韓国の「国語教科書」を読む ……89

※引用文中の〔　　〕は著者による注釈である。
※独島《ドクト》について：日本名「竹島《たけしま》」であるが、本書においてこの問題を韓国側からの視点から語るときは「独島」と表記する。

第1章　独島の教科書

日韓の間で葛藤と不和の原因になっている独島《ドクト》（竹島《たけしま》）問題。日本と韓国の主張は永遠に平行線のままで、解決の見込みは立たない。

日本側は国際司法裁判所（ＩＣＪ）での解決を求めているが、韓国は「独島は明白な韓国の領土。紛争地域ではないのでＩＣＪに行く理由も、予定もない」と事実上裁判を拒否している。

そして、韓国マスコミは「日本のＩＣＪ提訴は、独島を紛争地域として認識させるため」（２０１２年８月17日　ＳＢＳ）と政府の意見に追従し、韓国が日本の提訴提案に応じるのは、「日本が仕掛けた罠に落ちること」でもあるかのように説明する。

ところで、一般の韓国人もそう思っているのだろうか。[※1]１８０人の高校生を対象に「独島問題をどう解決したらいいか」について、アンケート調査を行った研究がある。その結果を見ると、政府とマスコミの主張、あるいは希望とは少し離れている。

高校生たちは、日本の提案に沈黙を守ることを良しとする政府とは違い、ＩＣＪか国際法で解決することを望んでいるのだ。政府の「今の状態のままで」という意見は、むしろ少数派（２・２％）に過ぎない。

韓国政府は竹島問題をＩＣＪに持って行った場合、韓国が不利であると思っているかのように、頑なにＩＣＪ行きを拒否している。提訴することはもってのほか、だからといって、ＩＣＪを信頼できないと明言することもできずに曖昧にスルーしているのが現状だ。

ところが、アンケートの結果は「ＩＣＪで国際法によって解決すべき」と、政府の意図に反するこのような考えを持っている若い学生が多数であることを示している。政府としては非常に不都合だろう。困惑するしかない。

だから「ＩＣＪへ行くのは日本の思うつぼであり、陰謀」と思わせるために、必死になる。そのために韓国政府がしている行為は何か。

独島プロパガンダ教育の強化である。

「独島教科書」の誕生

２００９年、韓国の教育課程に「画期的な」科目が誕生

質問	返答内容	人数	比率
独島問題はどのように解決すべきか？	時間がかかっても対話で解決すべき	63 人	35%
	国際裁判所など国際法により解決すべき	73 人	40.6%
	戦争以外の方法はないと思う	27 人	15%
	今の状態のままでいい	4 人	2.2%
	その他	13 人	7.2%
合計		180 人	100%

独島問題の解決方法について高校生 180 人を対象にしたアンケート

した。目まぐるしいほどのスピードで変化していく時代に対応するために、新しい科目が新設されたり、古い科目が撤廃されるケースは、特別なことではない。

たとえば、中国語やコンピュータの授業が新設され、冷戦や軍事政権時代の遺物である教練（反共と基礎軍事訓練が基本的な内容）は、廃止された。しかし、21世紀に登場したこの科目は異質であり、特殊だ。国のプロパガンダを頭の中に「注入」するための早期教育ともいえるような科目であるからだ。

教科の名前は「独島《ドクト》」、つまり、朝鮮半島と日本列島の間にある海の真ん中にある島、日本名でいうところの「竹島《たけしま》」について教える科目である。

独島については、以前から「地理」の教科書において、韓国の最東端として言及されていたのだが、その内容は、年を追うごとに、少しずつ補強されてきた。しかし、それが一つの「教科」として確立するまでに至ったというのは、韓国社会が独島に対して抱く執着と弊害を、そのまま表出したような出来事である。

人間がそのまま飲むことのできる水すらなく、外部からの援助に頼らなければとても住むことなどできない、それどころか、土壌は痩せていて植物も育たないため、鳥を除けば、野生動物も餌を確保することができず、生息しない、そんな岩島について、教えることがどれだけあるというのだろうか？

「教育」の目的は本来、人間としての成熟した価値観や思考能力、そして社会に出て役立つ知識と技術を学ぶことにあるはずだ。それでは、「独島」という科目が、人間形成のためにどのように役立つというのだろう？

独島という科目が役立つ場面は一つしかない。日本人と口喧嘩をする時の情報になるだけだ。しかも、その「情報」は不正確な内容が多く、相手の日本人に少しでも知識があれば、恥をかいて終わることになる可能性を秘めている。

独島教科書の内容

とはいえ、「独島」という科目は今のところ、全国の全ての学校において教授されている科目ではない。教科書も「認定教科書」に分類されるタイプで、地域の自治団体（都道府県、市区町村）が検定し、学校、教師が選択できる。したがって、この科目を採用していない学校もまだまだ多い。

区分	発行者	発行手続	認定者	採用者
国定教科書	国家	審議後発行	長官（委員委嘱）	国家
検定教科書	出版社／著作	検定後発行	長官（機関委託）	学校
認定教科書	出版社／著作	発行後認定	長官（市、都委任）	学校／教師

韓国教科書用図書の区分

認定教科書は国定教科書や検定教科書に比べ、認定、採用における自由度がかなり高く、政府からの干渉は少ないといえる。しかし、「自由度が高い」ということは、その教科書の正確性や、必要性を担保するものではない。むしろ内容に問題がある危険性を考えると、そのリスクは低くないとみなければならない。

審議が簡単であるということは「検証」作業が簡略化されていることを意味するし、学校や教師が自由に教科書を採用できるということは、一部の人間の主観的意見がまかり通る可能性が高いことを意味するからである。

韓国の出版社や学者たちは、独島問題で衝突が起こるたびに、「科目採択の必要性」を力説し、新聞も先を争って「独島に対する教育を強化しなければならない」と声を張り上げる。そしてそれは、学校が「独島」という科目を採用する根拠、そして名分となり、そこに「愛国フラグ」が立てられる。韓国社会では、「愛国」と名のつくものにはみなが先を争って飛びつく傾向がある。おそらく、この科目を採用する学校はますます増えていくだろう。

以下は、２００９年、慶尚北道教育庁から認定された『小学校　独島教科書（5、6年用）』の目次である。

1・東海にそびえ立つ独島
①私たちの大地、私たちの海、私たちの空
②私たちの先祖の思いの詰まった東海
③鬱陵島から見える独島
④火山が作り出した独島の地形
⑤他の国の地図に示された私たちの大地、独島
2・私たちの大地、独島の昨日と今日
①名前でみる独島
②昔の地図の中でみる独島
③記録でみる独島
④朝鮮の独島愛
⑤独島に向けられた日本の欲心
⑥独島に対する誤った主張
3・天の恵み、資源の宝庫、独島
①天然保護区域、独島の動植物

②自然が作ってくれた黄金漁場
③無限のエネルギーの源泉
④風と波がもたらした芸術作品
4・独島は永遠の私たちの大地
①独島に住む人々
②独島と東海を守る人々
③政府と地方自治体の取り組み
④独島の保存と開発
⑤独島愛！　私がやります
（『小学校　独島教科書（5、6年用）』慶尚北道教育庁／2009）

この本を編纂したのは慶尚北道教育庁である。竹島は「韓国の行政区域上」慶尚北道に属しているため、「地域愛」をアピールするためにも、教科書の作成は必須業務であったに違いない。
この教科書は、全部で100ページ程の比較的薄い冊子だが、独島に関する「情報」

は全体の半分程度、残りの半分は主張（及び、主張の根拠）が占めている。考えてみれば、そうなってしまうのも仕方ない。人が住むことのできる島ではないのだから、住民もおらず、結果として、これといった歴史もない。そして、資源があるわけでもないから開発の記録もない。おそらく、単に島の地域情報だけを記述したならば10ページにもならなかったはずである。

こうなってくると、地域の情報、すなわち「客観的情報」だけで一冊の教科書とするのには無理がある。量が足りないという意味においてである。教科書としての体裁を整えるためには、無理をしてでも「主観的情報」を入れざるを得なくなってしまうわけである。それでやむを得ず掲載されることになったのが「韓国の主張、推測、希望、正当性、すべきこと」などについてだ。

小学生たちは、これらを単純に「独島に関連する情報」としてそのまま受け入れるだろう。だが、それを洗練された大人の用語で言えば「プロパガンダ」である。

「一致した意見」が「真実」になる国

この教科書に出てくる内容は、韓国がこれまで行ってきた主張の焼き直しだ。韓国社会で主張されてきた内容について、韓国人が編纂し、韓国人が検証し、韓国人が認めた内容であるから、疑問を持つ韓国人がいるわけがない。周辺を見渡しても、学校に行っても、友人に会っても皆同じことを言うからだ。

このように「一致した意見」は、韓国社会において、しばしば「真実」とみなされる。それが事実かどうかは別問題である。このような傾向を顕著に表したのが、ソウル大学教授、李榮薫《イヨンフン》（経済史学者）のエピソードだ。

この教授は細かいデータの分析を通じ、「日本統治期、日本が土地の40パーセントを収奪したという国史教科書の記述は事実ではない」という果敢な主張をした。これは、韓国の歴史教科書の内容を否定する主張であり、韓国社会に大きな衝撃を与えた。韓国の「常識」を覆す主張をしたことで、苛酷ともいえる批判を受けた李教授は、ある歴史家からこんな言葉を言われたという。

「李先生。大韓民国の人々が皆、そうだと思っているのに、どうして根拠が必要ですか」

つまり、国民がみんな日本が収奪したと思っているのだから、収奪に対する根拠など必要ないという意味だ。

情けない話だが、この話ほど、韓国社会の現状をよく物語っている話はないだろう。人々がすべて一致した意見を持っているならば、それを疑うことは意味がなく、根拠を示すことも必要ないと考えているのが韓国の「学者」のレベルなのである。

韓国社会では「一致した意見」はすなわち「真実」とみなされ、その数が多ければ多いほど、神聖不可侵の領域となる。竹島問題がまさにこの例である。

２００８年に世論調査機関リアルメーターが、ラジオ局ＣＢＳの依頼を受けて実施した、全国の成人男女７００人を対象に行われた「独島はどこの国の領土か」というアンケート調査の結果をみると、韓国社会の「一致した意見」というやつがどれほど強固なものなのかを知ることができる。

なんと回答者の98・2％が竹島は韓国

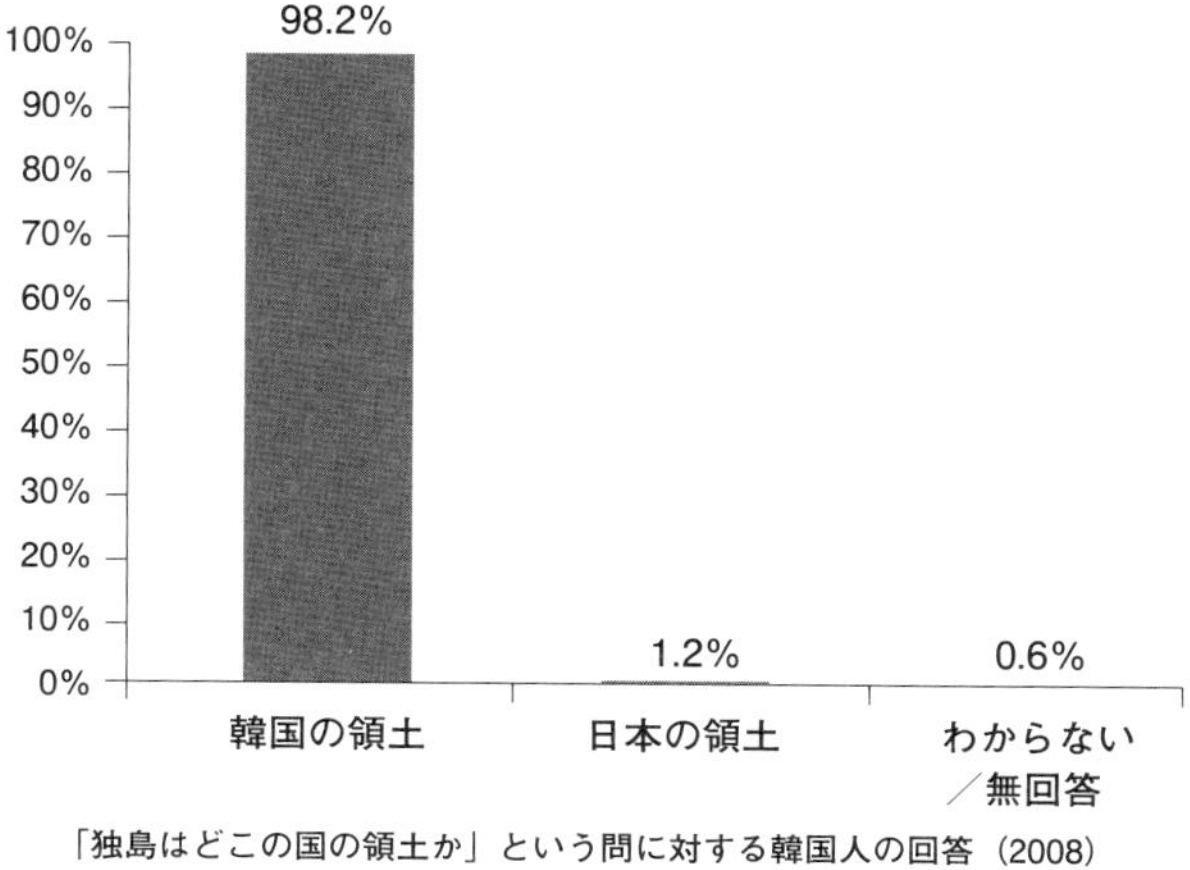

「独島はどこの国の領土か」という問に対する韓国人の回答（2008）

領土だと答えたのだ（これは政府傘下の韓国科学創意財団が２００４年に行った調査で「地球は回っている」という地動説を信じていると答えた韓国人の割合86％よりもずっと高い数字である）。

この「一致した意見」は、韓国では必要十分な「根拠」として認められることになる。皆がそう思っていれば、他の根拠など、必要ないからである。

万が一、日本の領土だと答えた人が多かったなら、韓国政府もマスコミも、大騒ぎになるだろう。

実際、韓国マスコミは今まで竹島関連のアンケート、政策発表が行われるたびに、「独島関連の予算が日本の3分の1に過ぎない」（『中央日報』２０１２年10月19日）、「日本の挑発に対応しなければならないのに……独島予算削減」（『朝鮮日報』２０１４年1月2日）などと独島を軽視する政府の反応を嘆いて独島教育を強化すべきだと訴えたり、政府の独島関連予算を増やすべきだと主張してきた。

独島教科書のオマケ「日本海—東海論争」

竹島に関する内容だけで１００ページという分量を埋めるのはさすがに難しかった

らしく、この教科書にはオマケもついている。日本と韓国の間で論争となっているもう一つの問題である「日本海―東海呼称問題」だ。

独島教科書に「日本海―東海」問題を載せるのは無茶をしているようにみえるかもしれないが、韓国人の考えからするとそうでもない。同じ二国間の問題である「韓国の主張、推測、希望、正当性、やるべきこと」を一方的に述べる「プロパガンダ」というカテゴリーに入るからだ。

この内容もまた、従来の韓国の主張を繰り返しているだけである。韓国外交部のホームページに記載されている情報をもとにしているものと思われるが、前後が合わない論理と、二転三転する主張には、外交部の主張と同じ間違いが混在している。残念なことに、教科書が根拠としている情報自体が、国際社会では絶対に通用しない「国内向け」の主張に過ぎないのだ。

その主張には「嘘」も含まれている（証拠を突きつけたとしたら、教科書の著者はただの「間違い」だと主張するだろうが）。たとえば、「いろいろな国で製作された昔の地図をみて、東海がどのように表記されているのか、探してみよう」（P16）というコーナーでは、中国、イギリス、フランスの地図などが紹介されている。その中の一つとして1613年に製作された中国の地図が紹介されている。地図の中には「東海」という表記がある。

教科書は、これを根拠に「近隣諸国も昔から東海という名前を使っていた」と展開する。

しかし、よく見ると地図に記載されている海は、朝鮮半島と日本列島の間にある海ではない。山東省、浙江省の右側にある海、つまり世界的に「東シナ海(Eastern China Sea)」という名前で呼ばれる、中国の東側にある海を表している。

▼ 중국 지도(1613)

独島教科書に載っている1613年の中国地図
(浙江省の右側にある海に「東海」と書かれている)

世界はこれを「東シナ海」と呼ぶが、中国ではこれを「東海」と呼び慣らしている。独島教科書に載っている写真の地図はこの海を描いたものなのに、これをまるで朝鮮半島と日本列島の間にある海を指しているように提示しているのだ。

このような主張を世界のどの国が認めてくれるというのだろう? 韓国内ですら疑

いを持つ人がいそうな内容だ。そんな、とんでもない写真が「根拠」として教科書に堂々と記載されているのだ。韓国がいくら愛国主義的で、自国中心的な記述が多い教科書に溢れているとしても、もしこれが国定教科書か検定教科書であったなら、さすがに認可が下りなかったはずである。現代中国の地図を広げてみるだけで、それが「日本海」を指していたわけではないと知れるからである。

そもそも日本海呼称論争自体が１９９０年代前後に起きた「新しい反日素材」であるということを、韓国人たちのほとんどは知らない。それ以前には、韓国でも「日本海」という表現を使うことがあったし、それを見て怒る人もいなかったのだ。韓国は日本を指さして「歴史を忘れた民族に未来はない」と非難混じりに忠告するが、韓国は果たしてどれだけ正確に過去を記憶しているのだろう？

独島教育の目的

「独島」という科目が新設された理由は何か？　独島教科書の教師用の指導書に記載されている独島教育の目的は、次のとおりである。

1・独島教育と関連する教育課程を編成し、学生に**継続的に教育**することで、独島は私たちの領土であることを、客観的な資料を中心に教えなければならない。

2・我が国の歴史の一部として独島を正しく理解し、独島と関連する周辺国の侵奪行為を、歴史資料を通して考証することで、**独島守護への強い意志を持たせる**。

3・独島の自然の価値と経済的価値を正しく認識し、天の恵みである資源の宝庫である**独島を愛し、保護する態度を持たせる**。

4・私たちの領土、独島を理想的に開発し、保存する方法を考え、**独島を愛し、保護する態度を持たせる**。

（『小学校独島（教師用指導書）』慶尚北道教育庁／２００９）

〔太字と傍線は著者による〕

教師用の指導書に記載されている目的には、多少驚かされた。２〜４項をみると、「意志」と「態度」を「持たせる」という言葉が、目的として明記されていたからである。これでは、特定の価値観の注入であり教育ではない。

韓国の進歩的知識人たちは、愛国心の強要には非常に敏感だ。愛国主義的な政策や動きには常に懸念の声をあげ、鋭い批判をしてきた。しかし、彼らもこの独島教育については、批判しない。それはおそらく、彼らもまた独島が韓国の領土だと確信する98・2％に含まれた韓国人だからであろう。

『独島の教科書』が作られたと聞いたとき、私は副教材や広報資料が作成された程度だと思っていた。いくら竹島についての主張を強化したくても、「量」を考えれば、竹島というテーマだけで「科目」として独立させるのは難しいと思ったからである。しかし、それは私の誤解だった。

２００９年に慶尚北道教育庁が『独島の教科書』を発表したのを皮切りに、２０１２年には教科書出版の大手「天才教育」が小、中、高校用の『独島の教科書』を同時に発表した。さらに、２０１３年には独立記念館に「独島学校《ドクトハッキョ》」というコーナーが新設され、研修コースまで準備された（もちろん、これは政府の支援によるものだ。独島学校については、第6章で詳しく紹介する）。

もし、今後も、独島教育の重要性が強調され続ければ、『独島の教科書』の需要は高まり、独島教育へのアプローチも、多様化していくだろう。その中で、政府の意思を汲んだ「ICJへ行くのは日本の思うつぼであり、陰謀」という教育が行われるようになれば、章の頭で紹介したアンケートのように「ICJで解決しよう」と思う学生の数は減少するに違いない。

2012年には韓国の韓国福祉サイバー大学に「独島学科」が創設されたというニュースを聞き、このままでは「独島大学」ができるのではないかという杞憂《きゆう》まで生じてきた。それにしても、学生がこの科目を通して学ぶ知識と信念は、彼らが大人になった時、果たしてどのように役立つのだろう?

教科書を作る人々にとっては何の関心もないことなのだろうが、教育を受けた当事者たちの中からは、いずれ、独島教育よりも「重要な点」に気づく人も出てくるだろう。独島教科書で学んだ知識や主張は、韓国を離れると、「韓国人としてのアイデンティティの確認」と「精神的勝利」以外には、何の役にも立たないという点に。

※1:「独島問題に対する高校生の認識と授業」チェ・ミジョン/ソウル市立大学教育大学院　修士論文/2010年2月

第２章　韓国の「歴史教科書」を読む

日韓関係に限らず、歴史を記述するにあたり、長期にわたり交流、衝突、競争を繰り返してきた近隣諸国同士が、互いの歴史観に満足し、意見の一致を見ることは事実上、不可能であると言っていいだろう。独立した国家であれば、ほとんどの国が「自国中心の歴史観」を持ち、「自国中心の歴史書」をもって次世代への教育を行っているのではないだろうか。そして多くの場合、そこには、自国の業績は可能な限り大きく、自国の失敗は可能な限り小さく記述するという傾向がある。

日本も、そして韓国もそんな国家の一つだ。日本と韓国の立場に違いが生じるのは当然である。

例えば、4世紀末~5世紀初めの朝鮮半島において、高句麗と倭国の勢力が衝突した事件についても、韓国は「日本を敗退させた」という点だけを主張するが、日本は「海を越え、強国である高句麗と争った」という点に主眼を置く。ともに事実を述べているのだが、立場の違いによりフォーカスが異なっているのだ。しかし、韓国は多様性を認めない傾向が強い。異なる解釈をすれば、それだけで叩かれることもある。すなわち、韓国社会が「公認」する歴史だけが存在するのだ。そして、さらに大きな問題はその「唯一思想」に間違った知識や憎悪の感情が紛れ込んでいる場合があるということだ。

日本に対する知識は学校で入力される

韓国の教育の中でも、歴史教育は学生の対日意識に、特に大きな影響を与える。実際、韓国の小学生から大学生までを対象にしたアンケート結果にも「韓国の学生は、日本についての知識は主に教科書と学校教師から習得し、日本についてのイメージはマスコミにより、形成される場合が多い」という事実が現れている。[※1]

特に、韓国の『国史』教科書は、長い間、国定教科書として学校教育課程において、誰もが学ばなければならない「必須科目」であったのだが、日本に関する記述が相当数含まれているため、韓国人の日本観の形成に絶対的な影響を

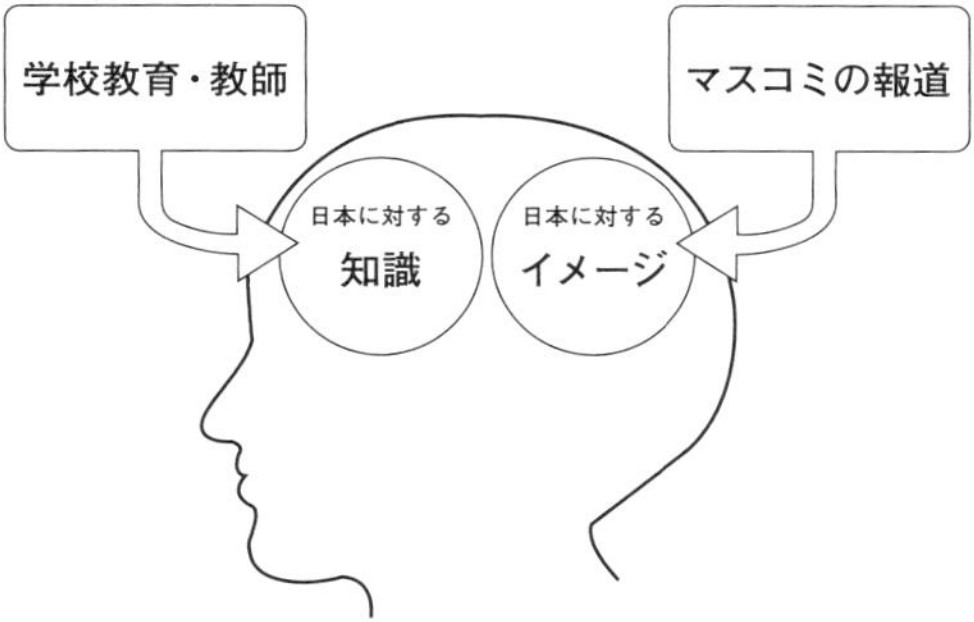

韓国の学生が日本に対する「知識」と「イメージ」を得るソースになっているのは教育とマスコミ

及ぼしているといえる。

それでは、韓国の歴史教育はどのように行われ、どのような問題点があるのか。いくつかの例と、筆者が実際に受けた教育体験から考えてみたい。

韓国歴史教育の変遷

1945年、太平洋戦争が終わり独立を果たした朝鮮は北朝鮮と韓国に分かれ、北朝鮮ではソ連、韓国では米軍による統治が開始された。韓国の教育現場には韓国版GHQといえる米軍政庁の意向が反映されていたのだが、この時期、韓国史を教える時間の配当は世界史を教える時間に比べ、極端に少ないものであった。米軍政庁は、第2次大戦の経験から、ファシズムに連結する恐れのある「民族主義的」教育や、社会理念に「民族」を掲げることに深い懸念を示したのである。

しかし、米軍統治下から完全に独立（1948）し、さらに、朝鮮戦争（1950～1953）を経たことで状況が一転する。廃墟となった国土を目の当たりにし、家や財産を失い貧困にあえぐ中で、韓国国民は、すっかり自信を失ってしまった。政府は国民に自尊心を取り戻させるため、「わが民族がどれだけ偉大なる歴史と文化を持っていたか」を強調しはじめたのだ。同時に「朝鮮民族は外国勢の侵入を退け、自主性を守ってきた」と、難局を克服してきた優秀な民族であること、そしてその主体性を強調するようになった。

当時の学界の中でも懸念の声はあった。民族を強調する歴史教育は「政治的意図が反映」されたものであり、慎重に考えるべきであるという意見が上がったのだ。

しかし、以降の歴史教科書は、徐々に民族主体性を強調するような表現が増え、民族主義的色彩が濃くなっていく。例えば高麗後期「元の支配」を受けたという表現が「元の干渉」「元の圧力」という表現に変わった。少しでも「支配」の痕跡を消したかったのだ。あるいは、朝鮮時代、両班《ヤンバン》（朝鮮の貴族）による権力争いが激しく国政に悪影響を及ぼすほどであったというような叙述が大幅に減らされた。すなわち、朝鮮民族が常に独立していたことを強調し、民族性においてマイナスの評価を受ける可能性のある要素は排除する方向へと動き出したのだ。

1972年、文教部《ムンギョブ》が示した「国史教育強化方針」により歴史教育に対する論争は終わりを告げた。文教部が示した「方針」が定まるとともに、政府教育の方針に従った、異見を認めないたった一つの『国史教科書』の方向性が完全に定まったのである。

その方針が、民族主体性を強調した国史教育を強化する内容だったことは言うまでもない。『歴史（世界史＋韓国史）』という科目から『国史（韓国史）』が独立したのもこの時である。この時にも[※2]「国史教育だけを強化するのは、文化的鎖国主義の傾向と自尊的国粋主義の傾向を招くもの」という懸念の声があがったものの、鉄拳統治と呼ばれた朴正熙《パクジョンヒ》政権下において、政府が推進するその流れを止めることなど、できるはずもなかった。

翌年の1973年、第3次教育課程が実施され、実際の学校教育にこの指針が反映された。中・高等学校における国史教科書は既存の検認定制に代わり、国定化が決定した。教科書の「国定化」、すなわち「単一化」は、以降の韓国社会に大きな影響を与えることになる。

それ以降、数次にわたり改訂が行われ、少しずつ

	歴史教科書の特徴	教科書	政権	国内外重要事件・話題
教授要目期（1945-54）	脱民族主義	検定	米軍政	朝鮮戦争
第1次教育課程（1954-63）	民族主義、反共		李承晩	李承晩ライン
第2次教育課程（1963-73）	民族主義、反共		朴正熙	65年の日韓国交正常化
第3次教育課程（1973-81）	民族主義強化、反共	国定	朴正熙	在日朝鮮人が大統領夫人暗殺
第4次教育課程（1982-87）	民族主義、反共		全斗煥	日本の歴史教科書の国際問題化
第5次教育課程（1987-92）	民主化		盧泰愚	慰安婦問題台頭
第6次教育課程（1992-97）	歴史立直し		金泳三	朝鮮総督府解体
第7次教育課程（1998-現在）	慰安婦登場、近現代史（検定）科目分離		金大中	『新しい歴史教科書』検定問題
2007教育課程（2007）	歴史教科書の検認定化	検定	盧武鉉	韓国内で親日派論争起きる
2009教育課程（2009）	近現代史が韓国史に統合		李明博	李明博独島訪問

時代別　韓国の中・高歴史教科書の特徴

変化した。民主化が進むにつれ、反共色が薄くなるなど、政府による干渉は弱まり、特に2000年代に入ってからは、国定教科書に替わり、再び、多様な検認定教科書が認められるようになった。

しかし、それでも民族主義の流れは変わることなく、むしろ、反日的内容は強化されつつある。過去にその中心にあったのは日本統治期についての内容であったが、徐々に、独島問題、親日派問題、慰安婦問題へと拡大を続けているのだ。

韓国の左、右勢力は、北朝鮮、米国に対する見解をはじめとした、ほぼ全ての分野において激しい意見対立をみせるが、日本に関連する認識は驚くほど綺麗に一致する。それで右派政権だろうが、左派政権だろうが日本に関する内容は大きく変わらないまま現在に至っている。

日韓関係史の大前提、恩恵者と被害者

韓国の歴史教科書において、古代から現代にいたるまで常に関係のあった国として登場する主な「外国」は、中国、モンゴル、北方民族、日本である。近代に入ってからは、ロシア、アメリカ、イギリスなどが追加される。これらの中で韓国の歴史と最も多く

関与しているのは、間違いなく中国である。歴代の朝鮮半島の王朝は、中国が漢の時代から朝鮮半島に及ぼしてきた大きな影響力に、常に左右され続けてきたと言っても良い。

ところが、興味深いことに、韓国の歴史教科書には、中国よりも日本についての記述がはるかに多い。

もちろん日本も文禄の役、日韓併合後の朝鮮統治など、特に近現代には、大きな影響を及ぼした。しかし、2000年以上にわたり、中国が朝鮮半島に与え続けた影響が、日本によるそれよりも小さなものだろうか。今の歴史教科書における日本、中国に関する記載の比率が適当なものだとは到底、思われない。このような韓国の歴史教科書にみられる、対日関係への認識の特徴は大きく二つある。

第一に、韓国が日本に対して文化を伝播したという「恩恵者」の立場にあるということ

第二に、韓国が文録の役と韓日合併による「被害者」の立場にあるということ

これを前提として歴史教科書の記述は展開される。

まず、韓国が日本に助けを与えた「恩恵者」であるという記述を見てみよう。少し古い1996年の教科書からの引用ではあるが、面白い表現が含まれているので引用する。


「三国文化の日本伝播」

新しい文物を持って日本に渡ったわが国の人々は、古代の日本人を教え導いた。百済の阿直岐《アジッキ》や王仁《ワンイン》は日本に渡り漢文を教えたが、この時、漢学は日本人に文学の必要性を認識させてやった。また、儒教の忠孝思想も普及させてやった。また、百済は仏教、仏像と五経博士、医博士、暦博士、画家そして工芸技術者などを送ったが、彼らの影響で五重塔も経て、百済伽藍という建築様式も生まれた。

一方、高句麗も日本文化に多くの影響を与えた。高句麗の僧侶恵慈《ヘジャ》は日本の聖徳太子の師匠となり、曇徴《ダムジン》は儒教五経と絵画を教え、紙と墨の製造方法まで伝えてやった。日本が誇る法隆寺金堂壁画も、曇徴の画として知られている。さらに、現在も日本各地に残る古代仏像の中には、その形や特徴からみて三国の影響を受けているものが数多く存在する。

新羅からは、築堤技術と造船技術が日本に伝えられたのだが、特に築堤技術の伝播は、「韓人の池」という名称までが生じるほどだった。このほか、三国の音楽も伝えられ、高句麗楽、百済楽、新羅楽などの名称までが生まれ、日本音楽の主流となった。

このように、三国時代に我が国の流移民が日本列島に渡り、先進技術と文化を伝えてやり、大和政権を誕生させ、日本古代飛鳥文化を成立させるのに貢献した。（P100）

「統一新羅文化の日本伝播」

三国文化に続き、統一新羅の文化も日本に伝えられた。日本に伝えられた新羅の政治制度は、大化改新以降の、強力な専制王権の確立に寄与した。また、統一戦争が見せた新羅人の強烈な国家意識は、日本の指導者たちに大きな影響を与えた。（注1）

統一新羅文化の日本への伝播は、日本が新羅に使臣を派遣してきたことで始まった。この時期に日本に伝えられた元暁《ウォンヒョ》、強首《カンス》、薛聰《ソルチョン》などによる仏教、儒教文化「の伝播」は日本の白鳳文化の成立に貢献した。特に審祥《シムサン》によって伝えられた

義湘《ウィサン》の華厳思想は、日本の華厳宗を興した。（Ｐ１０１～１０２）

（注１）日本の奈良時代には、大宝律令が頒布され（７０１）専制的な国王が君臨する貴族政治が行われた

「倭乱[※著者注]の影響」

そして東アジアの文化的後進国だった日本は、朝鮮から活字、書籍、絵画、陶磁器などの文化財を略奪し、多くの技術者や学者などを拉致していった。これにより、朝鮮の性理学も伝わり、日本の文化の発展に大きな影響を与えた。（Ｐ１８９）

（※著者注）文禄・慶長の役の韓国側の呼称。壬辰倭乱とも（１５９２～１５９８）

「絵画と文字」

15世紀の絵画は、日本の室町時代の美術に、多くの影響を与えた。この時期の日本は、朝鮮文化を熱狂的に受け入れたため、多くの絵画が日本に伝わり、これが画壇に大きな影響を与えた。また、朝鮮の使臣と同行した書員〔絵を描くことを職務としていた朝鮮時代の役人〕たちも日本を旅行する間に、多くの絵画を残して帰り、日本美術に直接的な影響を与えた。（Ｐ２２２）

（『国史教科書・上巻』高等学校／1996）

「日本との関係」

日本の徳川幕府は先進文物を受け入れるため、対馬藩主を通じての交渉を許可するよう朝鮮に懇請した。朝鮮では日本が犯した過ちを責めつつも、国初以来の交隣〔外交〕政策の原則に基づき、限られた範囲内において交渉を許可した（1609、己酉約条）。

そして釜山に再び倭館が設置され、ここで日本人たちは米、木綿、人参を買っていった。また、日本は朝鮮を文化の先進国と考え、使節を派遣してくれるようお願いしてきた。このため朝鮮からは、通信使を派遣したが、その一行は400人にも達し、国賓として待遇を受けた。日本は通信使一行を通じ、先進学問と技術を学ぶため努力した。したがって、通信使は外交使節としてだけでなく、朝鮮の先進文化を日本に伝播する役割も果たした。（P22）

（『国史教科書・下巻』高等学校／1996）

〔　〕内の文章は著者による補足

この教科書によると、朝鮮半島の先祖たちは、長い間、日本より高い文明を持っていて、一方的に日本の文化形成に貢献してきたらしい。このように自画自賛して楽しいのであれば、それ自体は個人の自由かもしれない。だが例えば、壬辰倭乱《イムジンウェラン》（文禄の役）、丁酉倭乱《ジョンユウェラン》（慶長の役）の記載における、日本を「文化的後進国」と表現することは、明らかに言語的暴力であり、傲慢な態度であり、問題があると言わざるを得ないだろう。実は私が先ほど面白いと表現したのはこれだ。

世界中にこんなに傲慢な記述をする教科書がどれだけ存在するだろうか？　当時アジアの先進国であり超大国だった中国から、朝鮮も色々な文物を輸入していた。もし中国が朝鮮を「文化的後進国」と表現したら韓国は黙っていられただろうか。私に言わせればこの教科書が示しているのは、中世における日韓の「文化レベル」ではなく、現在の「韓国社会のレベル」そのものである。

また、内容の真偽についても問題が少なくない。たとえば、高句麗の曇徴《ダムジン》という僧が法隆寺の壁画を描いたと書いてある。しかし、それを示す証拠は何もない。曇徴が壁画を描いたという記録は、１９５５年韓国の雑誌『思想界』に掲載された鄭漢淑《ジョンハンスク》の短編小説「金堂壁画」が唯一だ。そのような話をソースに歴史教科書が書かれてもよいものだろうか？

さらに面白いのは、朝鮮半島にあった国々の文化もやはり、大部分が中国の影響を受けたものであるのにもかかわらず、中国から受けた「恩恵」についてはほとんど言及がないということだ。日本に「教えてやった」漢学、陶磁器、紙、儒教はすべて独自開発した技術だとでも、本気で信じているのだろうか？

自己誇示的な記述、誇張まではある程度理解できる。だが、「恩恵者」的な視点は日本への「優越感」を生み、「被害者」的な視点は、日本への「憎悪」を生み出す結果をもたらしてきたということを忘れてはいけない。

教科書の変化―歴史教科書のどこが修正されてきたのか

歴史を単純に「過去に起きた出来事」と定義するならば、歴史教育はその「伝承」ということができるだろう。しかし、実際、我々が学ぶ歴史がすべて「事実」だと断定することはできない。そもそも、過去に起こった出来事を私たちが全て知ることは不可能であり、歴史叙述は推論に頼る部分も少なくない。

だからこそ、歴史学においては、複数の学説が存在する。議論が起こることもあるし、新しい発見によって修正が発生することもある。つまり、解釈の「多様性」と「可変性」を前提としなければならない分野だということである。

ところが、韓国の学生たちは、「教科書」が唯一絶対の歴史書であるかのような教育を受ける。その教科書には、政府や権力者たちが望む「歴史解釈」が事実として記載されているのだが、教育現場において、解釈に「多様性」があると教えることは難しい。多様性を認めることは、権力者の意に反することであり、また、学生に対しても「正解」が一つではないと教えることは、混乱させることになりかねない。韓国の中学生と高校生は、「たった一つの正解」が求められる全国統一型の高校入試、大学入試を目指しているのだから。

一方、「可変性」については、ある程度、認められているようである。韓国では通常、5～10年周期で「教育課程」が見直される。教育課程が変わるのに伴い、教科書内容についても変更、追加、削除が行われているのである。これらの作業は通常、最新情報を反映させ「正確性」を確保させるために行われるものであろう。

しかし、韓国の歴史教科書の場合、根拠が不足していた内容が「曖昧化」「削除」されるとともに、民族主義の強化、政治、外交における主張の強化を目的とした内容が「追加」されるという傾向が特徴的である。

隠蔽と曖昧化

歴史教育において自国に有利な出来事は強調し、不利な出来事はぼかす傾向があるということは前に述べた。しかし、この傾向だけでは説明のつかないこともある。韓国側の「大勝利」、日本の「惨敗」にもかかわらず、韓国の歴史教科書において、ほとんど言及されていなかったり、以前より簡略に記述されているものもある。その代表的な例が「白村江《はくすきのえ》の戦い」と「青山里大捷《チョンサッリデチョブ》」だ。

①白村江の戦い

660年、新羅と唐の連合軍により百済が滅ぼされる。百済の王子、豊璋《ホウショウ》はこの時、倭国に滞在していたが、翌661年半島に戻り、復興運動を掲げ、新羅との戦いに挑む。この時、倭国は軍事、食糧などを送り、積極的に百済を支援した。

663年、倭国と百済の連合軍は唐―新羅連合軍と朝鮮半島南西部の白村江で戦闘を繰り広げた。倭―百済連合軍は大敗し、百済の遺民と倭国の勢力は、半島から完全に撤退することになる。倭国が完全撤退するまで4年間続いた百済の復興運動は、倭国から渡った兵力だけでも4万人以上に達した。この事件は百済と倭国の友好関係を如実に物語っているだけではなく、大規模な海外派兵が可能であった倭国、すなわち当時の日本の国力を推し量ることのできる事件であり、また大帝国であった唐と新羅、百済、倭国の利害関係が絡み合った北東アジア情勢を知ることのできる重要事件である。

しかし、韓国の歴史教科書では、この事件についての記述はかなり小さく簡単に扱われる。以前は、日本から支援があったこと自体が全く言及されていなかった時期もあり、私自身もこの事実は高校卒業後、1992年に、とあるドラマを見て初めて知った。

現在は教科書にも掲載されているが「百済を救援するために来たが敗走した」という程度の内容で、一、二行程度のごく短い記述に過ぎない。左記は、実際に使われている教科書を翻訳したものである。

> 百済滅亡後、各地方の抵抗勢力は、百済復興運動を起こした。鬼室福信、黒歯常之、道琛などは王子豊璋を王に推戴し、周留城と任存城を拠点に軍事行動を展

> 開した。彼らは200余りの城を取り戻し、泗沘城と熊津城の唐軍を攻撃しつつ4年間抵抗したが、新羅と唐の連合軍により鎮圧された。このとき**倭の水軍が百済復興軍を支援するために白村江の入り口まで来たが敗れ追い返された。**
> （『高等　国史』国史編纂委員会／2009）
> 〔太字と傍線は著者による〕

倭国の援軍は、「白村江の入り口まで来たが敗れ追い返された」と出てくるだけで、具体的な情報は全く知ることができない。また「敗れ追い返された」という記述に関しては、韓国内でも、まるで唐軍の目線で教科書が記述されているようだという指摘が出ている。

白村江の戦いが韓国の歴史教科書で疎かに扱われる理由について、「韓国側が意図的に見落としたかのようにして、短い記述としたのではないか」と、懐[※3]疑的な意見もある。それではなぜ、韓国はこのような重要な事件をこのように曖昧な表記で終わらせようとしているのだろうか？

前節で紹介したように、韓国は長い間、歴史教育を通じて、朝鮮半島にあった高句麗、百済、新羅そして朝鮮が、日本に文化を伝えてあげた「恩恵者」であったと強調してきた。日本は文化を持たない未開の国だったが、朝鮮半島の三国から渡った文化が日本の文化を花開かせた。日本に文化を伝えるという伝統は朝鮮時代まで続き、朝鮮通信使が日本を訪問するたびに、「先進文物を伝えてやった」と教えてきたのだ。

ところが、倭国が危機に瀕した百済を援護するために大規模な軍隊を派遣し、超大国・唐に対抗し戦ったという事実は、今まで韓国が教えてきた歴史と相いれるものではない。倭国が当時、朝鮮半島に4万人を超える大軍を派遣するだけの国力を持ち合わせていたことを認めたなら、三国が倭国より優位にあったという教科書の内容に対し、学習者が疑いを持ちかねないからである（当時、百済や新羅が倭国に、王子などを人質として送っていたという事実については、決して言及されることがないのも同じ理由からだろう）。

このように「民族的優越性」という大前提を守るためには、以後の時代についても、「韓国が日本より文化水準が高かった」という枠に合わせて記述をするしかなく、例えば、江戸時代に盛んだった商業、芸術、技術には沈黙せざるを得なくなるのだ。

だが、19世紀末から20世紀初めに起こった出来事を振り返ってみよう。「後進国」日本が、どうやって、清国やロシアを破り、朝鮮を合併するに至ったというのだろう？

ここで韓国が用いるのが、「黒船」の存在である。日本は朝鮮より遅れていたが、西洋に門戸を早く開放することで、超短期間で朝鮮を追い越したと、もっともらしく解説してみせるのである。

黒船の出現により、日本社会が急速に近代化し、国力を増したことは疑いようのない事実であるが、それ以前の日本、江戸時代の文化を見ても、朝鮮より後進国であったなどとは、到底評価できないような文化水準を維持していたこともまた事実である。だが、韓国人の大多数がそれを知らない。

②「青山里大捷」―消えた数字「3300名」

「青山里大捷《チョンサッリデチョブ》」といえば、韓国人であれば誰もが知っている歴史的事件だ。大捷とは「大勝利」を意味する言葉で、「青山里大捷」は1920年、中国の吉林省で朝鮮の独立軍部隊と日本軍部隊が激戦の末、朝鮮独立軍が大勝利を収めた（と教えられる）出来事を指す。日本統治期に起こった武装抗日運動の中で最も大きな戦果をあげた戦闘として知られている。

私が高校時代に学んだ「青山里大捷」は、少数のゲリラ部隊が、日本軍3300名余りを殺傷するという、ドラマチックな内容だった。独立運動家を英雄として讃える韓国にとって、誇らしいはずのこの事件であるが、現在使われている教科書を見てみると、若干、トーンダウンしている。

独立軍は、日本軍の連隊規模以上の兵力を青山里80里谷へと誘導し、４日間の激戦の末、日本軍３３００名余りを殺傷するという輝かしい戦果を上げた（１９２０年10月）

（『高校国史（下）』国史編纂委員会／１９８８）

１９２０年には洪範図の大韓独立軍と金佐鎮の北路軍政署軍などが鳳梧洞と青山里で日本軍と戦闘を繰り広げ、大きな勝利を収めた。

（『高校国史（下）』国史編纂委員会／２００８）

１９８８年には「３３００名余りを殺傷するという輝かしい戦果」と具体的な数値を挙げて宣伝していたものが、20年後の教科書では「大きな勝利」と曖昧にされているのである。

韓国に有利であり、誇らしい記録であるにもかかわらず、なぜ３３００名余りという具体的な数字が消えてしまったのだろうか？　理由は実に単純だ。信頼できる「根拠」がないことが、世間に知られてしまったからである。きちんとした記録もなく、日本の主張する数字と一致しないどころか、韓国内でもこの数についての意見の一致をみることができ

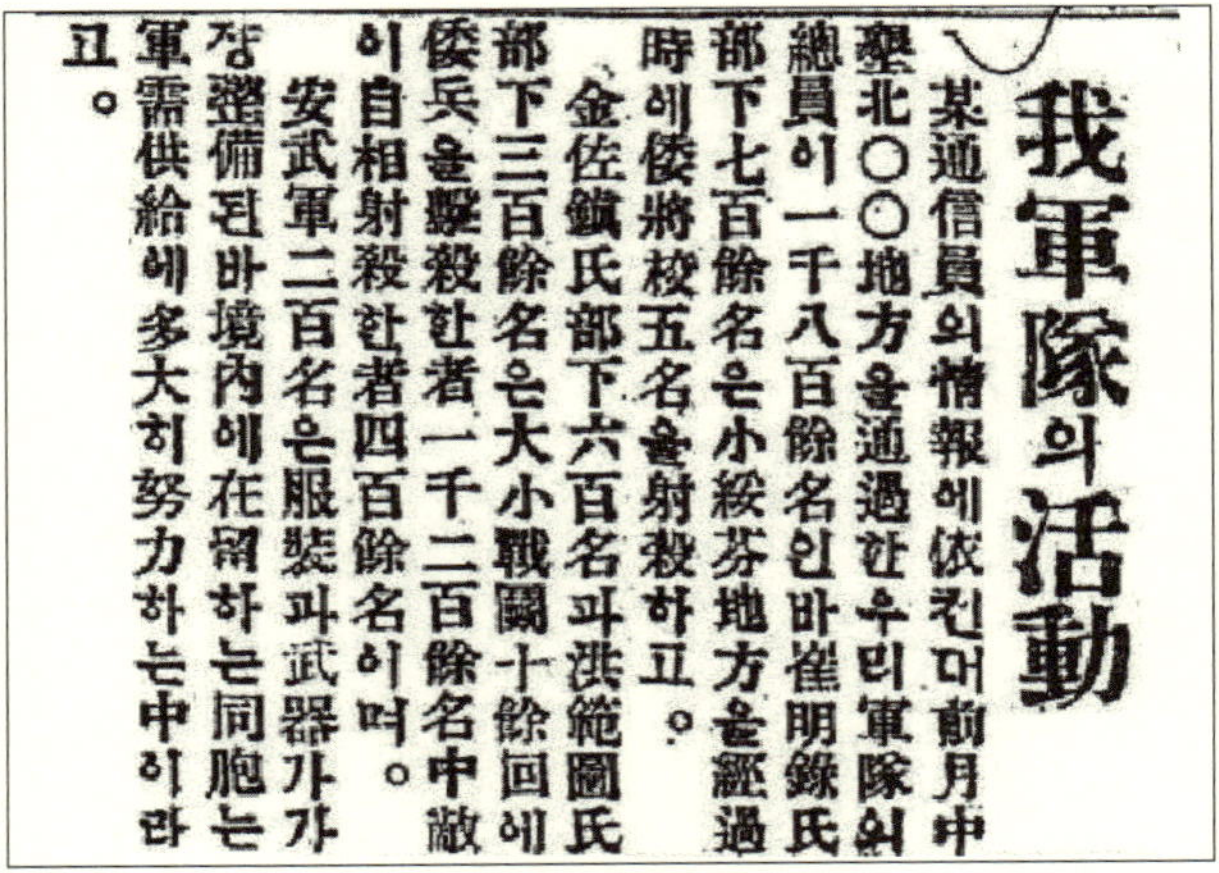
我軍隊의活動
某通信員의情報에依한대前月中墾北○○地方을通過한우리軍隊의總員이一千八百餘名인바崔明錄氏部下七百餘名은小綏芬地方을經過時에倭將校五名을射殺하고。
金佐鎭氏部下六百名과洪範圖氏部下三百餘名은大小戰鬭十餘回에倭兵을擊殺한者一千二百餘名中敵이自相射殺한者四百餘名이며。
安武軍二百名은服裝과武器가가장整備된바境內에在留하는同胞는軍需供給에多大히努力하는中이라고。

青山里大戦闘に関する記録
（「独立新聞　上海版」1921年1月21日）

なかった。ちなみに、日本側の記録によると、死者は11人に過ぎない。

１９８８年の教科書に登場した３３００名余りという主張は、青山里大戦闘に参加した李範奭《イボムソク》が１９７１年に出版した回顧録に記載されている内容であるが、誇張された面が多く、客観的な根拠とすることはできない。また、独立新聞の記事も「某通信員の情報に依ると」という曖昧な伝聞で、信頼性に欠けている。

この問題は、インターネット上で日韓のネットユーザーが議論を戦わせたことで有名な話でもある。韓国側が射殺したと主張した日本軍指揮官が１９２０年以降も生きていたという証拠が示されると、韓国側は勢いを失ってしまった。さらに韓国内でも、「青山里大捷」の記録は大幅に誇張されていたとする論文が発表されるなど、真偽を問う声が[※4]上がった。

韓国内ですら疑問の声が上がったのを受け、教科書の記

	出典	日本軍の死者
韓国記録	韓国独立運動之血史（1920年）	約2,000人
	独立新聞上海版（1921年）	約1,200人
	韓国戦争史（1967年）	約3,300人
	ウドゥン火（参戦者回顧録）（1971年）	約3,300人
日本記録	間島事件鮮支人死傷者調	11人

日韓における青山里大戦闘による日本軍の死者数の報告

述は「曖昧化」せざるを得なかったのだろう。これらの変更は、肯定的に評価されるべきではあるが、そもそも一体何を基準に3300名という数字を教科書に記載していたのかについての反省が伴わなければ何の教訓も得ることができないだろう。

③弊政改革十二箇条──「小説」が歴史に

朝鮮時代末期、地方官の暴政に抵抗しようと農民たちが蜂起した、東学党の乱（1894～1895：韓国での名称は「東学農民運動《ドンハクノンミンウンドン》」。以下「東学運動」と表記）というものがある。『弊政改革十二箇条《ペジョンゲハクヨルドゥゲジョ》』とは、これについて学ぶときに出てきたキーワードで、簡単に言えば農民軍の「要求事項」である。

この中には、身分制の撤廃、民衆の権利保障、人権保護などの内容が含まれており、東学運動の先進的な姿を見ることができる、と授業が展開される。私も高校時代、その内容を学び、これに関連する内容が複数回の試験に出題されたことを記憶している。

しかし、東学運動の中核思想ともいえる十二箇条の要求事項は、現在、多くの教科書から消えてしまった。なぜだろうか？　その十二箇条というのが、どの公式記録でも確認できないからである。それでは、それはどこから出てきたのだろうか？　驚いたことにその出典は「小説」からであった。

「弊政改革十二箇条」
①東学教徒と政府は、宿怨なく、共同で庶政に協力すること
②どん欲な汚吏の罪状を詳らかに調査して処罰すること
③横暴な富豪を厳重に処罰すること
④素行不良な儒林と両班を懲罰すること
⑤奴婢文書を焼き捨てること
⑥七種に区分されている賤民の待遇を改善し、白丁の頭にかぶせる平壌笠を廃止すること
⑦年若い未亡人の再婚を許可すること
⑧無用の税金を一切廃止すること
⑨官吏採用には地閥を打破して人才を登用すること
⑩日本と相通じた者は厳罰に処すること
⑪公社債を問わず既往のものは皆免除にすること

⑫土地は平均して分作するようにすること
（『東学史』呉知泳／永昌書館／１９４０）

東学運動に実際参加した呉知泳《オジョン》（１８６８〜１９５０）という人が１９４０年に『東学史《ドンハクサ》』という小説を発表した。ここに出てくるのが「弊政改革十二箇条」だ。「弊政改革十二箇条」というのは、この小説以外、どの記録にも確認することができない。この資料の信頼性を主張する人々は「自叙伝性格の記録」であると主張しているのだが、副題として『歴史小説』と謳っている。これをみるとやはり「記録」というよりは、「小説」としてみるのが妥当ではないだろうか？

ある老教授の告白

この「弊政改革十二箇条」が、実際の歴史の中では存在しないこと、つまりそれが架空の内容であることは、研究者により証明された。現・韓東大《ハンドンデ》教授柳永益《ユヨンイク》氏は論文上でその事実を発表している。そんな彼が２００２年に研究室を訪れた弟子の話を聞いて憤慨したという。大学の教授になったその弟子は、高校の検認定教科書を執筆したことを自慢げに話した。その時に聞いた執筆中のエピソードである。

その弟子は、東学農民運動の記述にあたり、「弊政改革十二箇条」と呼ばれているものが虚構であることを認めているため、もう一人の共同執筆者（S大学出身）と確認の上、最初は、その内容を載せないことにしていたという。しかし、教育人的資源部からの執筆者への通達「国史教育内容展開の準拠案」に、改革案を義務的に引用するように書かれていたため、仕方なく教科書に載せたと告白した。私は「弊政改革十二箇条」というのが1940年に、ある無名のアマチュア歴史家（呉知泳）が歴史小説『東学史』という本に、勝手に書いた、歴史上には存在しないものであることを論文で立証したことがあるので、その告白を聞いて驚いた。私は教科書の検証権を持っている教育部が、「国史教育内容展開の準拠」という基準を作って「史実」に反する「非真理」を歴史教科書に載せるよう強要したことに憤慨した。この話を聞いてから私は、韓国の教育部が日本の文部省と変わらないくらい歴史を歪曲していると考えるようになり、それ以後は日本の歴史歪曲問題については黙るようになった。
（『韓国　近・現代史教科書の「独立運動史」叙述と争点』柳永益
『「正しい歴史教育と望ましい歴史教科書」のための提案』歴史学会編／景仁文化社／2006）

彼の弟子は学者としての良心に従い、正確ではない内容を排除しようとしたのに、政府が指針を下し、史実に反する内容を国史教科書に載せるよう事実上「強要」したというのだ。これは韓国では極めて珍しい貴重な告白である。

しかしこの告白は彼が学界の元老とでもいうべき地位にいるからこそ可能だったのであり、若い研究者には不可能だっただろう。また、学者としての良心のためだといって「教科書執筆者」という肩書きを諦めることは簡単なことではない。最も深刻な問題は、まだ知られていない類例がどれだけあるかわからないということだ。

現在、使われている教科書を見ると、弊政改革十二箇条の出処を『東学党（小説）』と小説であることを明記しているものもあるが、私と同じ世代、あるいはそれ以前の世代の人々は、小説の中で起きた出来事だとは知らないまま、史実だと信じている人も多いのではないだろうか。

新たに追加された歴史―「被害者」の記録

現在、韓国で使用されている中、高等学校の歴史教科書には、日本統治期朝鮮の民衆の「実体験」が生き生きと描かれている。「民族抹殺政策」という小見出しの下に紹介されている内容を見ると創氏改名、日本語使用の強制、神社参拝、徴用、徴兵などが紹介されている。日韓の論争において、頻繁に登場するアイテムである。

これらの内容であるが、終戦直後の教科書に比べ、現在のもののの方がはるかに詳しく、数多く記録されている。言葉を換えるならば、教科書における「被害者」を主張する記述は、追加され、より強化されてきたということだ。終戦直後の教科書を作った人々は、ほとんど全てが日本統治期を経験した世代であり、現在の教科書を作った人々はほとんどが日本の統治を経験していない間接的な「知識」として、その時期を認識しているだけの世代である。にも関わらず、現在の歴史教科書の方が日本をより悪く説明している。これは興味深い事実である。

それでは、韓国歴史教科書が伝える「被害」状況についての、見事なまでのアップデートを見てみることにしよう（終戦直後から50年代までの資料は入手できなかったため１９６０年代から見ていくことにする）。

①１９６０年代前半の教科書

日本への反感という点だけに注目してみると、終戦直後から１９６０年代までの教科書を読んでみても、現在の教科書にも引けを取らないような、強い反日感情が随所に感じられる。日本統治期についての記述のあちらこちらに抑圧、投獄、暗澹、沈鬱、搾取、弾圧という言葉が目に付く。もちろん、日本の加虐と韓国の被虐という観点での記載である。

しかしここに、現在の日韓の重要な争点となっている「徴用」「徴兵」「強制連行」「従軍慰安婦」といったキーワードについては見出すことができない。

次の文は、日本統治期の状況を説明する１９６３年の歴史教科書の引用である。

> 大陸侵略をもくろみ、１９３１年に満州事変を起こし、１９３７年には日中戦

争を挑発し、1941年にはついに太平洋戦争を始めた。これに伴い、朝鮮に対する政策はより一層過酷になっていくばかりだった。韓国語の新聞・雑誌をなくし、学術団体を解散させる一方で、日本式の名前へと創氏改名を強要し、私たちの若者を彼らの侵略の道具にした。

（『高等国史』歴史教育研究会／教友社／1963）

「私たちの若者を彼らの侵略の道具にした」という記述は徴兵、あるいは徴用を意味するものと思われるが、その過程や規模、方法等については何の記述もないのが特徴だ。しかし、時間が経つにつれ、このような「被害」についての記述は、より詳しく、強化される。

②1960年代後半の教科書

同じ1960年代でも、1960年代初頭と後半の教科書では、様相が大分異なる。初頭の教科書にはなかった、徴用、徴兵、そして勤労報国隊といった具体的項目が登場しているのだ。

これは日本に対する批判のレベルが上がったことを意味するが、これらの変化には、1965年に行われた日韓国交正常化の影響があったものとみることができる。当時、韓国では朴正熙政権が推進した日韓会談について「屈辱外交」と批判する激しいデモが頻発し、戒厳令を布かなければならないほどの事態に発展した。この反日感情の高まりが教科書にもストレートに反映されたのである。

次に紹介するのは、1960年代後半の教科書のうち、民族抹殺政策についての記述である。

年度	出版社	内容
1968	文豪社	〈民族抹殺政策〉米穀の供出をそれまで以上に強要し、家庭で使用する金属機器さえ差し出すようにいわれた。そして韓国青年を戦場に徴発していったのだが、まずは志願兵制度を布き、口車に乗せて軍隊に志願するようにさせ、中国原野に駆り出した。次の段階になると、徴兵制を実施して韓国青年

		たちを皆、死地へと駆り出した。そしてついに、勤労報国隊という名前で韓国の青壮年を軍事施設や軍需工場に強制動員し、太平洋戦争末期には、韓国人の大学生を学兵という名前で強制的に戦場へと追い込んだ。このように屈辱と苦難に悩まされた私たち民族には日帝に対する恨みが骨髄まで染み込んだ。
１９６８	法文社	〈民族抹殺政策〉最初は陸軍志願兵制度を実施し、韓国の青年を中国戦線に駆り出した。やがて、勤労報国隊を組織し軍事施設や軍需工業に労働力を動員させたのだが、ついに１９４１年、太平洋戦争が起きた後には徴兵、徴用制度を実施し、韓国人を彼らの侵略戦争の遂行に総動員した。
１９６９	教学社	〈人的資源の収奪〉１９３８年、朝鮮の陸軍特別志願兵制度を創設し、私たちの青年たちを戦争の場へ駆り出し始め、勤労報国隊を組織し、労働力を強制動員した。（中略） 徴兵令を実施して兵役を義務化し、私たちの青年たちを大

		量に前線に送り込む一方で、徴用令によりアジア各地の工場、鉱山、軍事基地で私たちの同胞を酷使し、女子挺身隊という名で娘たちさえも工場や前線へと連れて行った。また、学兵制により大学生まで死地へと連れて行くなど、これらによる、莫大な数の被害者、アジア全域で苦しむ我らの兄弟姉妹は、数百万にも上った。
1968	乙酉文化社	〈民族抹殺政策〉日本はまた、私たちの青壮年を強制的に戦場に追いやった。日中戦争が起こると、すぐに陸軍志願兵制度を実施して韓国人青年、学生を戦線に参加させ、勤労報国隊とやらを作り、青壮年を工場、鉱山、戦闘地へと駆り出し、強制的に労働をさせた。太平洋戦争が起きた翌年の1942年から徴兵、徴用制度を実施し、韓国の全ての人員と物資を動員し奪っていった。

引用した4社の教科書は、それぞれに微妙な違いを見せている項目がある。「陸軍

志願兵制度」の説明についてである。最初に引用した文豪社の教科書を見ると、「まずは志願兵制度を布き、口車に乗せて軍隊に志願するようにさせ、中国原野に駆り出し」とし、「強制」ではなく、「口車に乗せ志願させた」と表現している。他の2社の教科書（法文社、教学社）では「戦争に参加させた」と記述するだけで、それが志願なのか、強制かについては言及を避けている。

これは私の推測ではあるが、おそらくこの3社の執筆者たちは、1938年に施行された陸軍志願兵制度について「強制性」を付与したかったものの、それを断定することは無理だと判断し、断言を避けたうえで、暗示するような表現を選んだのではないかと思う。

実際、陸軍志願兵制度は文字通り「志願」によるものであり、人気が高く、数十対一の競争率を示すほどであり、入隊を希望するとの血書を書いて提出する朝鮮の青年たちも続出したという。

このように志願し、入隊した青年の中に、後日駐日大使を務めた崔慶祿《チェギョンノク》（1920～2002）がいる。

彼は1939年に陸軍志願兵に志願し、晴れて日本軍の一員となったのだが、これが災いし彼は後日、韓国社会で「親日派」という批判を受けている。だが、仮に、教科書に暗示されているように、陸軍志願が強制だったとすれば、彼もまた「強制」された「被害者」の一人だったはずである。

明らかな矛盾が生じているようにみえるが、志願兵が強制であったかのようにミスリードする記述は、現在の教科書にもそのまま生きている。

③1970年代の教科書

1970年代の教科書といえば、国定教科書へ移行したことが大きな特徴である。1977年の国定教科書を見てみると、志願兵制度についての説明が短くなり、戦争末期の徴兵制に重点を置いた説明となっている。

一方、日中戦争後には、いわゆる志願兵制度を作り、青年を戦地へ駆り出し始めた。太平洋戦争開始後からは、徴兵・徴用制度を作り、若者たちを集め、戦地や、東南アジア一帯、遠くはサハリンまで彼らを軍事工場や鉱山などに押し込んだ。そして、学徒志願兵制度を実施し、民族意識を持つ大学生たちを戦場に追いやった。

（『人文系　高等学校　国史』文教部／韓国教科書株式会社／1977）

以前と比べ大きな変化はないが、この時期から全国の学生が国が定めた共通の教科書で習うことになったという点は重要である。日本統治期に対する認識が「標準化」されたのだ。それでも、現在使用されている教科書に比べれば、相当に「穏やかな」教科書だったといえるかもしれない。

④1980年代の教科書

1980年代には、具体的な「キーワード」の追加はなかったが、「女性が侵略戦争の犠牲になった」という表現が登場した。

日帝は戦争物資を調達するため、食糧や様々な物資を収奪しただけでなく、私たちの若者を前線に駆り出すために志願兵制度を実施していたが、ついには徴兵

> 制に変え、日本、中国、インドシナ、太平洋の島々などに強制動員し、女性まで侵略戦争の犠牲にした。
>
> 一方で、労働力を搾取しようと若者を戦場や軍需工場に徴用に送り込み、危険な労働条件のもとで奴隷のように酷使し、多くの若者が犠牲になった。
>
> （『高等学校　国史（下）』国史編纂委員会／国定教科書株式会社／1988）

ここに出てくる「女性まで侵略戦争の犠牲にした」という表現はいくつかの解釈が可能だ。工場での労働をした挺身隊であったかもしれないし、慰安婦であったかもしれない。具体的な内容は明示されていないため、正確な内容は把握できないのだが、この曖昧な表現は時間が経つにつれ、韓国側の都合に合わせて「アップデート」されることになる。

⑤1990年代の教科書―慰安婦の登場

次の文章は第7次教育課程（1998）で改訂された高校教科書の内容である。

わが民族は戦争に必要な食料や様々な物資を収奪され、私たちの若者は志願兵という名目で、あるいは徴兵制や徴用令によって、日本、中国、サハリン、東南アジアなどに強制動員され命を失い、女性まで挺身隊という名前で連れて行かれ、日本軍の慰安婦として犠牲になった。

（『高等学校 国史（下）』国史編纂委員会／国定教科書株式会社／１９９８）

ここで重要なのは、教科書に初めて「慰安婦」という表現が登場したという点だ。それ以前の教科書には、女性の「犠牲」というのが、具体的にはどのような内容だったのかについての記載はされていなかったのだが、１９９８年の改定により慰安婦という具体的な記述が加えられた。これは、１９６３年に「若者を侵略の道具にした」という表現だったものが後日、徴用、徴兵という具体的な内容に「詳細化」してきたのと同じパターンだ。

問題は、なぜ終戦直後から１９９８年までの50年間慰安婦という言葉が登場していなかったのかという点である。日本統治期の記憶が最も多く残っている終戦直後には、なぜ被害の具体的な内容を記述しなかったのだろうか？

これは教科書だけの問題ではない。韓国のどこを見ても、1980年代以前には、太平洋戦争に関連する慰安婦という言葉はほとんど登場していなかった。終戦直後の人々は、慰安婦という言葉も、その存在も忘れてしまっていたのだろうか？　そうではない。終戦直後の人々も、日本統治期の慰安婦という存在を間違いなく知っていた。ただ、過去の認識は、現在とはかなり異なっていた。

南太平洋へ慰安遠征に出向いた「女傑」

1947年のソウルで、ある女性が関与した不正事件があったのだが、30年後の1977年、その事件について報道した全国紙の記事がある。

> 鍾路区寛勳洞で料亭を経営していた「ラバウル」マダム（本名金貞順）が、まさに色仕掛けの主役だった。（中略）ラバウルマダムは日帝末期、日帝海軍武官、松本の愛妾として数十人の慰安婦を連れ、南太平洋ラバウル諸島にまで慰安遠征

に出向き、ラバウルマダムとの俗称を得た当代の女傑だ。
（「京郷新聞」秘話一世代軍政警察［73］ラバウルマダム事件／1977年6月6日）

料亭のマダムだった、とある韓国人女性を紹介している（韓国の「料亭」は、日本とは異なり、女性ホステスがいる高級クラブというイメージである）。

ここで注目すべきは、日本統治期の数十人の慰安婦を連れて太平洋のラバウルまで慰安遠征に出向いたと報じられたこの女性を、1977年に韓国の新聞が「当代の女傑」と表現しているという点だ。「女傑」というのは明らかに肯定的な意味をもつ言葉だ。

現在の韓国社会の常識では想像することすら難しい表現だ。万が一、今日の韓国メディアがこのような表現を用いたならば、激しい非難にさらされ、膝をついて国民への謝罪声明を行うことになるはずだ。だが、1977年の韓国には、このような記述を問題視する人すらいなかったようだ。

一つの事例で全体を語ることはできない、という指摘もあるだろう。しかし、メディアが使用する「語彙」というのは多くの場合、大衆のコンセンサスを前提とし、選択されるものである。特殊な階層や分野の専門誌ではなく、全国紙であれば、なおさらそうだ。

したがって、少なくとも、「1977年の韓国人たちが認識していた慰安婦の意味と現在の韓国社会が認識している慰安婦の意味の間には大きな乖離がある」といえるのではないだろうか。前述した記事を見て、現在の韓国社会が慰安婦を語る際に欠かさない「強制連行」「監禁」「性奴隷」といったキーワードを連想することができるだろうか？

それを考えれば、この時期の歴史教科書から「慰安婦」という項目が抜けていたという理由も推測できるのではないだろうか。

もう一つ、注目すべき事実は、「慰安婦」の記述が、韓国の教科書に登場したのは、慰安婦問題が外交的紛争として取り上げられた1990年以降であるということだ。それ以前には、教科書だけでなく、新聞、雑誌などでも、日本軍慰安婦関連の記述はほとんどないといっても過言ではないほどに、ごく少数しか取り上げられたことがない。

このように韓国社会が「忘れていた記憶」を取り戻したきっかけは、外部（日本）からの刺激であった。千田夏光の『従軍慰安婦』（1973）、吉田清治の『私の戦争犯罪―朝鮮人強制連行』（1983）などがそれである。

それでも、吉田清治の著書が韓国で翻訳出版（1989）されるまでは、韓国社会において、日本軍従軍慰安婦は「忘れていた記憶」だった。だが、これをきっかけに、韓国社会は「記憶を取り戻し」、1990年代に入り、慰安婦を素材としたテレビドラマ『黎明の瞳（여명의 눈동자）』（1991）が44％という驚異的視聴率を記録すると、失われた時間を取り戻すかのように、慰安婦を題材とした書籍が、次々に出版された。

こうして韓国社会全体が「忘れていた記憶」を、唐突に、しかも皆で一斉に、取り戻したのである。90年代に「取り戻した記憶」による慰安婦の姿は、1970年代には、慰安婦を率いて遠征慰安を行った人物を「女傑」と表現していたその認識とは異なり、虐待と人権蹂躙に傷つけられた「残酷な」物語だった。

⑥2000年代の教科書―市民団体の主張が教科書に

1990年代に慰安婦関連の内容が追加された後は、日本統治期の「民族抹殺政策」に関する教科書記載における大きな変化は見当たらない。変わったことがあるとすれば、慰安婦問題について、より具体的で詳細な「説明」が追加されただけだ。

ただ、この説明には若干の問題がある。それは、この追加された説明が、教科書を作った国史編纂委員会がまとめた資料ではなく、市民団体である「韓国挺身隊問題対策協議会（以下、挺対協。現在は「正義記憶連帯」に改名）」が作成した資料という点だ。次の内容は「民族抹殺政策」についての教科書本文の記述と、補助資料（よみもの）として教科書に掲載されているものだ。

この時期、日帝は我が民族のアイデンティティを完全に抹殺しようとする皇国臣民化政策を推進した。日帝は内鮮一体のスローガンを掲げ、私たちの言葉や文字を使えないようにした。また、姓と名まで日本式に直して使うようにし、皇国臣民の誓詞暗唱、宮城遥拝、神社参拝などを強要した。

特に、日帝は強制徴用で韓国人労働力を搾取し、学徒志願兵制度、徴兵制度などを実施して、多くの私たちの若者を戦争に動員した。また、若い女性を挺身隊という名前で強制動員し、軍需工場などで酷使し、その中の一部は、前線に連れて行って日本軍慰安婦とするという蛮行を犯した。

〈よみもの―日本軍慰安婦の実状〉
日本帝国主義は1932年ごろから、侵略戦争を拡大しながら占領地区で「軍人たちの強姦行為を防止し、性感染症を防止し、軍事機密の漏洩を防ぐ」という口実で、韓国と中国、台湾および占領地域の10万~20万人にのぼる女性を騙し、あるいは暴力によって連行した。彼女たちは満州、中国、ミャンマー、マレーシア、インドネシア、パプアニューギニア、太平洋の島々、そして日本、韓国などにある占領地において、人権を剥奪され、性的行為を強要された。
戦争が終わった後に帰国しなかった被害者の中には現地に捨てられたり、自決を強要されたり虐殺された場合もある。運良く生存して故郷に帰ってきた日本軍「慰安婦」被害者は、社会的な疎外と羞恥心、貧困、病気のために一生苦しみながら生きなければならなかった。〈韓国挺身隊問題対策協議会教育資料Ⅰ〉
（『高等学校　国史』教育人的資源部国史編纂委員会／2002）

補助資料に注目しよう。もちろん、市民団体が作成した資料だからといって、信憑性がないとは言えない。挺対協には、市民運動家だけではなく、慰安婦に関する論文、書籍を発表しているような学者たちも多数参加しているのだ。例えば、慰安婦問題に関する論文、書籍を発表した人々も多数参加している。

この市民団体は、現在の慰安婦問題について韓国で最も有名で、最も力を持っている団体である。日韓の間で外交的、政治的対立が起こるたびに慰安婦たちを連れて日本大使館前に出動するだけでなく、日韓関係と関連のない問題でも、例えば、大統領による憲法裁判所長の指名に際しては「(指名予定者は)親日派を擁護していた人」などとして、指名反対運動を広げたり、芸能人の日本関連発言をみては問題点を指摘する声明を出し、糾弾したり、韓米軍事訓練に対する反対声明を発表したりする。あるいは、「日本に対する共同対応を図る」という名分の下、北朝鮮と連携プレーを試みる。そうして結んだ北朝鮮との縁を大切にし、北朝鮮に弔電（金正日死亡時）を送ったりするなど、韓国内の政治、社会、芸能、外交、対北朝鮮問題など多方面で活躍する市民団体なのである。

ところで、ここで問題となるのは、教科書に載っている挺対協の資料などは十分な確認と検討が行われたのか、という点である。たとえば、2002年に発行された検定韓国近現代史教科書には、次のような内容が記載されている。

> 1938年9月、真鍮の器を供出することを拒否し、姓名を日本式に変えなかった、という理由で家族が捕まった。里長〔行政区域「里」の首長〕が、愛国奉仕隊に志願すれば父は釈放されるといったので志願したら、そのままジャカルタに慰安婦として連れて行かれた。
>
> ―韓国挺身隊問題対策協議会―
>
> （『高等学校　韓国近現代史』大韓教科書株式会社／ハン・チョルホ他5名／2002）

これを読んだ学生たちは、彼女が可哀相だと同情し、そして日本への敵意を持つことだろう。しかし、よく見てみれば、この証言は、現実的にあり得ない話だ。まず、1938年には、真鍮の器を供出させることなどなかったし、名前を日本式に変えることが可能になったのは、1940年からである。また、日本軍がジャカルタを占領したのは1942年であり、1938年にはオランダが占領をしていた。すなわち、1938年に「愛国奉仕隊」に志願する理由が成立しないのみならず、仮に、この時にジャカルタで慰安婦をしていたというのであれば、オランダ軍慰安婦だったということになる。この事実を知ったなら、学生たちは何を思うだろうか？　そして、これが果たして、きちんと「検証された」資料であるということができるだろうか？

韓国は2014年安倍内閣で行われた河野談話の検証について「歴史修正主義」であり、それに触れてはならないと、まるで『聖典』を否定する行為であると言わんばかりに非難の声をあげている。だが、ここで挙げた教材のような、検証がまともになされていない資料を、そのまま放置することが正しい行為だろうか？

少なくとも、この教材が学生たちに、誤った知識と、偏見を植え付ける可能性は非常に高いだろう。間違いのある可能性があるものについて、検証し、間違いを見つけたなら、修正しようとする動きは、非難されるべき行為だろうか？

⑦親日派、独島、そして慰安婦（2007年、2009年）

2007年以降の教育課程の特徴は、「歴史教育強化」だ。これについては、「中国の東北工程や日本の歴史教科書歪曲などの問題が明るみに出、外交問題に飛び火している等の状況が、教育課程改正の外的要因として作用している。これが、政府レベルから歴史教育案が出てきた背景」とする研究報告[※5]がある。

この時期にもう一つ、重要な変化がある。歴史教科書が「国定教科書」から「検定教科書」へ切り替わったのだ。１９７４年に検認定制度から国定教科書制度に変わって以来、33年ぶりに元来の姿へと戻ったのだ。国定教科書の弊害は前述したように、自由な学習の妨害、多様性の欠如、政策的に利用される危険性などが挙げられる。したがって、検定教科書へ復帰することは歓迎すべきことではある。ただし、検定教科書もまた監修と許可を経なければ使用できないという意味において、まだ、国の干渉から完全に自由になったとはいえない。

復活した親日派論争

２０１０年４月、高校歴史教科書の検定結果が発表された。13社からの出願に対し6社の教科書が合格し、合格率は46％であった。検定を通過した教科書のうち1社の教科書について、検定審議会は次のような修正勧告を出した。

「親日派の活動の中で代表的な人物を記載すること。親日派の活動は多様であった。国防献金寄付、徴兵への積極的参加呼びかけや協力など、多様に展開された。これらに関する代表的な人物の記載が必要」

この勧告は、戦時下の「日本」に対する批判の強化を求めたものというより、「韓国内部の人物、団体」への批判の強化を求めたものである。韓国内で「親日派」というレッテルが貼られることは、その本人だけでなく、子孫にまで社会的死刑宣告がなされるのと同等の影響力がある。歴史教科書において「親日派」を強調するように求める勧告は、「過去」ではなく、「現在」への影響を意味する。

私は、この短い勧告文の中に、韓国社会が持っている歴史観の「矛盾」を感じずにはいられなかった。

そもそも、韓国では、日本がスプーンまで根こそぎ略奪していったと教えているのに、「献金」を呼びかけたことが親日行為であり、罪なのか？　国防献金を拒否できる「自由」があったなら、国防献金は親日的な行動であり、自分の出世の手段だと批判することができるかもしれない。しかし、それならば強要、強制、略奪という言葉のみで説明する日本統治期にも「拒否する自由」があったことを認めなければならないのではないだろうか？（同様に韓国は、創氏改名は強要されたと主張する一方で、創氏改名した人を親日派と非難し、志願兵制と徴兵制は日本の横暴だったと主張する

一方で、特攻隊員で死亡した朝鮮人を親日派と非難するような矛盾も犯している）

そもそも、日本統治期の新聞を一度でも読んだことがある人なら、「国防献金寄付者」を罵ることなどできないだろう。10歳になった子どもが、あるいは高齢の老人が、お小遣いを大切に貯めて「皇軍」の国防献金に寄付したという記事がたくさん登場するからだ。それらの人々は皆、親日派であり、非難を受けなければならない人々だといえるだろうか？

不思議なことに、韓国は「民衆」の親日については言及しない。特定の勢力や人物、それも既に死亡して反論の機会さえない人々や、日本統治期には生まれてもいなかったその子孫に対して数十年目の親日批判を行うのだが、これは真の親日断罪というよりは「反対派の攻撃」のための政治的、社会的手段であるというように感じられてならない。実際、今でも韓国では選挙のたびに、「親日派」が相手候補への攻撃手段として使用される。候補者はほとんど終戦後に生まれたのにもかかわらず、だ。

親日派の子孫であると、最も激しく攻撃を受けてきた人物は、おそらく前大統領朴《パク》槿恵《クネ》だろう。彼女は、父・朴正煕元大統領の死去以降は一般人として生活していたが、1998年、左派政権である金大中政権のとき、政界に登場した。瞬く間に国民の人気を集め、有力な大統領候補に躍り出たのと同時に、反対派は彼女を「親日派の娘」として猛攻撃を加え始めた。

韓国社会の雰囲気を考えたとき、それは彼女にとって最大の「弱点」だ。このときから大統領に当選するまで「親日派の娘」という攻撃を常に受け続け、大統領選挙の数日前に行われたテレビ討論会では、対立候補が、朴槿恵の父・朴正熙の日本名といわれている「高木正雄」を大きな声で叫ぶという、非常識なパフォーマンスまでやらかした。

日本では、歴代大統領の中で、最も酷い反日大統領だと評価されている朴槿恵だが、少なくとも表面的には、反日スタンスを貫かざるをえない「事情」があったのだ。

新しく登場した「独島」

2000年以降に発生した変化のうち、見逃すことができないのが「独島」に対する記述が追加されたことだ。2007年以降改訂された韓国史の教科書には、次のような内容が入っている。

独島を朝鮮領土と明示した日本の古地図や昔の政府文書が続々と発見され、独島が自国固有の領土であるという日本の主張は徐々に説得力を失いつつある。（中略）日本は独島問題を国際司法裁判所に持ち込み、独島に対する領有権と周辺海域の経済的利権を主張しようとしている。（中略）最近、執権を握る民主党政府は、独島を日本の領土と表記した小学校教科書を検定通過させ、大きな衝撃を与えている。

（『高等学校　韓国史』ハン・チョルホ、他5名／ミレエン・コルチョ・グループ／2010）

少なくとも90年代までは、歴史の教科書に「独島」に関する記述はなかった。だとしても、韓国が独島を韓国領だと認識していなかったわけではない。「独島はわが領土」という歌は全国的に歌われ、独島の領有権問題が話題になるたびに教師たちの口を通して、独島の話は語られていた。しかし、それでも歴史教科書には登場しなかった。それが20世紀に入って急に登場したのはある意味焦りの表れかもしれない。

韓国の歴史教科書の特徴

ここまで、歴史教科書における実際の記載例を挙げながら、韓国の歴史教科書の記述や教育課程がどのように変わってきたのかをみてきた。
韓国の歴史教科書の特徴を簡単にまとめると次のとおりである。

1・韓国の歴史教科書は、終戦後から現在に至る過程で、徐々に日本に対する否定的なイメージを強化してきた
2・民族主義的色彩が徐々に強くなってきた。歴史教育は、1963年、朴正熙の執権により国の作る国定教科書に統一され、民族主義、反共など、政治的意図が反映された形となった
3・客観的根拠が明らかに不足している内容については、内容を曖昧化したり、具体的な言及を避ける方向へ、少しずつ「修正」されてきた
4・恩恵を受けたことなど、韓国に不利な点は小さく記載され、恩恵を与えたことと被害については強調される傾向がある
5・「慰安婦問題」は1990年代に初めて教科書に登場した後、徐々に内容が強

化されてきた

６・２０００年代に入り、教科書の慰安婦関連の記載に「市民団体」の作成した資料が登場した。その中には、検証されていない内容が含まれているケースもある

時代の流れと共に、教科書の記述が変化していく様子は、韓国の世相を如実に反映している。それぞれの時代において、その時の政権に合わせ、必要な素材が強調され、情報が追加され、あるいは逆に、不都合な素材は削られているのだ。つまり、韓国における「歴史教育」は、一つの「手段」として利用されているのである。

※１：「反日ナショナリズムの起源―歴史教科書の日本記述」『翰林日本学』９号／鄭在貞／２００４
※２：『韓国歴史教育史』キム・フンス／大韓教科書株式会社／１９９２
※３：「『白村江の戦い』と韓日歴史教科書叙述」『韓国学論叢』34号／パク・ヘヒョン／２０１０
※４：『東亜日報　電子版』「韓国独立運動　二大大捷　青山里―鳳梧洞戰鬪　誇張」２００５年11月９日
※５：「高等学校〈韓国史〉教育課程の変遷と教科書検定の様相」『歴史教育研究』Vol.12／ヤン・ジョンヒョン

第3章　韓国の「国語教科書」を読む

国語の教科書―消えていく内容、残る内容

「国語」は詩、小説、エッセー、シナリオなど「文学」を中心に学ぶ科目だ。文学は歴史ほどには、史実に忠実であることが要求されず、想像力を自由に働かせられる分野でもある。つまり、文学性、娯楽性などを高めるために、「創作」を加えた「物語」が用いられることもあるということだ。しかし、幼い学生は、歴史的な事実と物語を混同することもある。創作の物語を事実と誤認することがあるという意味だ。では、韓国の国語の時間にはどのような「物語」が登場するのだろうか。

私が学生時代を過ごした1980年代に使われていた韓国の国語教科書には、愛国的な内容が多分に含まれていた。そこに登場した「愛国」は、大きく二つに分けることができる。「反共」と「民族主義」である。

1953年の朝鮮戦争休戦以降、韓国の教育では「反共」が大きな比重を占めた。国語、道徳、社会等の科目において、北朝鮮は勝たなければならない競争相手であり、批判の対象だった。北朝鮮を韓国と比較しながら、北朝鮮の惨忍性、閉鎖性、非人間

性を強調する教育が行われていた。

韓国が経済的に北朝鮮を完全に追い越した80年代以降には、それまでの教育に加え、北朝鮮を経済的落伍者と強調するようになった。子どもの目から見ると、自国に対する自負心を感じるとともに、北朝鮮に対する同情を感じるような内容が多かった。そしてこれらは同時に、韓国の体制、政権に対する満足度を高める役割も果たしていたように思う。

「民族主義」は「民族的自負心の強調」という形で行われたが、主に、国家の危機を克服した朝鮮民族の底力を強調したり、文化的側面での優秀性を強調するなどの形式で行われた。例えば、壬辰倭乱《イムジンウェラン》（文禄・慶長の役）の時に活躍した李舜臣《イスンシン》の武勇伝や、日本の法隆寺という寺の金堂に壁画を描いたとされる曇徴《ダムジン》が活躍する話などが、国語教科書で紹介された。

間違いなく「国語」という科目名のついた時間だったはずだが、作品の鑑賞能力や、文学的な表現を学ぶことよりも、文化的自負心と祖先に対する尊敬の心を持つことが強調された時間だったように思う。

しかし、時間が流れ大人になり、これらの、つまり私の自尊心の根拠となっている物語が、実はソース不明の創作物語であり、事実とは異なる内容があるのだということに気づいたとき、私は愕然とした。

李舜臣将軍が大きな巨石にかます（藁蓆《わらむしろ》で作った袋）をかぶせて稲束のように見せ、食糧に余裕があるように倭軍をだましたという小学校の教科書に出てきた内容は、実は、全国のあちらこちらで、色々な人物を主人公にして同じように語り継がれている「伝説」のうちの一つだったし、高等学校教科書で紹介された、法隆寺の金堂壁画を高句麗僧侶曇徴《ダムジン》が描いたという逸話も、やはり根拠のない、韓国人の「願望」を基に作られた創作物語に過ぎなかった。

必ずしも事実であることが要求されない「文学作品」とはいえ、「教科書に載っていた」という事実は、幼い学生たちにとっては、十分に信頼する根拠となるものである。ましてや、授業の中で、この主人公は歴史上実在した人物で、歴史の教科書にも載っている人だと紹介されたなら、国語教科書に載った「伝説や物語」もまた、「歴史」の一部であり、全てが実際に起こったことだと誤認する可能性は決して低くないだろう。

毎年学び続ける「抵抗詩」

国語の教科書に、毎年必ず登場するのが「愛国者」「英雄」と呼ばれる人たちだ。彼らは時には小説の主人公として、時には小説家や詩人として、教科書に登場した。中国や日本との戦争で戦った将帥たち、朝鮮の独立のために詩や小説を書くという形で抵抗した作家たちは、常に学生たちにとって身近な存在だ。

とはいえ、それ自体が私たち学生に、日本に対する「反感」を植えつける原因となったとは思わない。あくまでも、それらは物語のひとつであり、そこに歴史的意味を見い出し、解釈を加えようとしていたわけではなかったからだ。

ところで、私には国語の中で、どうにも好きになれないジャンルがあった。それは、ほぼ毎年学ぶことになる「抵抗詩」と呼ばれるジャンルの詩だ。学生時代も、今でも、私の目には、愛について詠った詩、あるいは抒情詩としか映らない詩を、「抵抗詩」と教えられたのである。

「抵抗詩」と分類される代表的な詩には、韓龍雲《ハンヨンウン》の『ニムの沈黙（님의 침묵）』、尹《ユン》東柱《ドンジュ》の『序詩（서시）』、李陸史《イユクサ》の『青葡萄（청포도）』などがある。これらの詩を書いた詩人は、みな日本統治期の人物で、抗日運動をしていたという理由で投獄経験があるのが共通点だ。このうち、尹東柱と李陸史は獄死した。

先に挙げた3編の詩は全て国定教科書に載り、全国の学生が学んだ詩だが、歴史的内容や反日的な内容ではないのに「日帝に対する抵抗詩」と分類され、それを前提とした解説を聞かされた。

例えば、『ニムの沈黙（님의 침묵）』の「ああ、わたしの愛するニムはいきました」という一節で、「ニム」が指す意味は「国権を失った祖国」であると教える。（「ニム（님）」という韓国語が指す基本的意味は、「（師、恋人、主君など）恋い慕う人」である）。

他の詩も同じだ。悲しみと憂鬱を詠っていれば「祖国を失った喪失感」を詠った詩とされ（尹東柱『序詩』）、「待つこと」を表現していれば、「祖国の独立」を待っているのだと解釈されるのだ（李陸史『廣野（광야）』）。

詩人自身が、後日にでも、そういった解説をつけていたのであれば、その通りなのだろうが、読者によっては、純粋な抒情詩、恋愛詩とも受け取れるような詩を「抵抗詩」や「独立精神を詠った詩」「祖国に対する愛を詠った詩」と定義し、暗記式教育の対象とすることに、私は違和感を覚えずにはいられなかった。

そして、これらの、学校で教えられた解釈は、一般の韓国人が持っている「感性」というよりも、韓国社会の「願望」であるように思う。

とはいえ、愛国心に凝り固まっていた教科書も90年代の民主化に伴い、大きく変化した。作品の幅も広くなったし、学生の自由な発想を引き出すような指導も多く行われている。ただし、以前にはなかったような洗練された方法で、「日本」についてのイメージを植えつけようとする指導も見え隠れするようになった。

根拠のない「日本のせい」

ここ数十年の間に、韓国の教科書は間違いなく大きな進化を遂げた。しかし、それでもまだ、客観性に欠ける叙述は残っている。2001年に発行された小学校の国語の教科書に記載されている例を紹介しよう。朝鮮王朝の宮廷である昌慶宮《チャンギョングン》と慶熙宮《キョンヒグン》の説明である。

> 「昌慶宮」
> 日帝強制占領期間には、日本の人々が昌慶宮に動物園と植物園を作るため多くの建物を壊し、名称も「昌慶苑」に変えた。1983年に動物園と植物園の一部を移し、昌慶宮という名前を取り戻した。

「慶熙宮」
日帝強制占領期間に強制的に破壊され、跡地だけが残っていたが、最近の過去の姿を一部取り戻した。
（『国語　読み取り　小学校4―1』教育科学技術部／2001）

昌慶宮の名称を変えたのは誰だったのか？　ここに引用した教科書を見ると、その主体は「日本の人々」である。朝鮮王朝が宮殿の一つとして使用していた「昌慶宮」の名称が日本統治期に「昌慶苑」と変わったのは事実だ。そして、韓国人の多くは、名称が変わったのは、「日本が朝鮮王朝を格下げするため」に変更したからだと考えている（蛇足であるが、韓国人は異常なまでに名称にこだわる民族である）。

そしてそのように考える根拠は、1980年代から韓国のマスコミがそのように宣伝してきたことにある。次の文章は、韓国の新聞報道からの引用である。

昌慶宮は朝鮮王朝初期の1418年、太宗が世宗に王位を継承した後、居住した宮殿であり、1484年、昌慶宮と改称されたが、日帝が昌慶苑と宮殿を格下げした経緯がある。

（『東亜日報』1985年4月12日）

長い間、全国民の愛を受けて来た昌慶苑の動・植物園はとても狭く、施設が古く、もはや千万のソウル市民の憩いの場として、その機能を果たすことができなくなったというだけではなく、1909年11月、日本の強圧によって宮殿が苑に格下げされたことを正さなければならないという指摘が出たためだ。

（『ハンギョレ新聞』1994年8月18日）

日本が「宮殿」を格下げするという目的で「苑」と改称したという記事が複数回にわたって報道され、これは韓国社会の「常識」となった。韓国政府が運営する政策広報ブログでは現在も、「日帝は1907年、宮殿に動物園と植物園を作り、1909年には昌慶宮を、昌慶苑と格下げし、一般人の娯楽施設とした」と丁寧に説明されている。そしてこれが教科書にまで登場したのだから、疑いを持つ人がいるわけがない。

しかし、日本が朝鮮王室を「格下げ」するために名前を変えたというのは「根拠」

のない推測である。だが、教科書に載っている内容というのは、国民から無条件に信頼される。国家が国民に（それも小学生に対して）間違った内容を教えるかもしれない、などと考える韓国人はまずいないからだ。だが残念なことに、新聞や教科書が「真実」だけを語るに違いない、というのもまた、国民の「願望」にすぎない。

昌慶宮の名称を変えたのは誰だったのか？

これに対する答えが「新聞や教科書が真実だけを語るわけではない」ということを物語る一例である。昌慶宮を昌慶苑と改めたのは、「日帝」ではなく、「日本の人々」でもない。昌慶宮の名称を変えたのは、「朝鮮王朝」である。

次は朝廷での王の行動、発言を記録した朝鮮王朝の正史『朝鮮王朝実録』からの引用である。

> 博物館、動、植物苑、自今通稱爲〝昌慶苑〟。以其在昌慶宮內也。
>
> ［博物館、動物園、植物園を今後、「昌慶苑」と称する。それは昌慶宮内にある

からだ。」

（『純宗実録』付録／１９１１年４月26日）

この記録によると、名称を変えたのはほかならぬ純宗であり、動・植物園の名称を昌慶苑としたのは単にそれが昌慶宮内にあったためだと知ることができる。そして、「昌慶苑」という名前が既に定着した１９３０年代にも、「昌慶宮」という名前が禁止されたり、使われなくなったわけではない。当時の新聞を見れば「昌慶宮」という表記は、以前より少なくはなっているものの、普通に使われていたことが確認できる。

しかし、「正史」の記録は黙殺され、小学生は、教科書を通し、昌慶宮の名称を変えたのは、「日本の人々」であると学ぶ。その知識は、新聞やテレビなどのマスコミ、さらには政府の広報ブログで補強される。改名の理由は「（朝鮮の）宮を格下げするため」という主張である。

そして、その「名称を変えた人（日本）」と「名称を変えた理由（朝鮮王室の格下げ）」は一種の化学反応を起こし、「反日」という感情を作り上げることになる。このようにして、平和と愛を学ぶべき子どもの心の片隅に、いつ爆発するか分からない「怒りの種」が植えつけられる。それは韓国の子どもたちの「母国語能力を伸ばす」ために作られた「国語の教科書」によって植えつけられるのである。

国語の教科書に出てくる典型的な「悪人」「日本巡査」の裏面

私が高校を卒業してから、20年以上が過ぎた。その間に、韓国は何度も政権交代を行い、教育課程についても、何度も改訂作業が行われた。当然のことではあるが、最近の教科書を見ると、時代の流れを感じずにはいられない。

白黒印刷で、文学作品がただ羅列されていただけの教科書とは大きく異なり、最近の教科書はカラー印刷で、写真や挿絵も多いし、関連情報がいくつも紹介されている。

もちろん、「外見」だけでなく、内容も21世紀に合わせるかのように、多様な主題が取り揃えてある。冷戦が終わりを告げたことを受けてか、「反共」を訴える内容はほとんどなくなり、平和、共存を訴える内容が増えた。

しかし、日本に対する記述に関して言うと、日本を「加害者」「悪玉」にして批判的に扱う基本的なパターンに大きな変化は見られず、内容も以前よりはるかに具体的、かつ洗練された記述となった。

例えば、以前の教科書を見ると、壬辰倭乱（文禄・慶長の役）や日本統治期に、日本と対峙し、戦った朝鮮人たちを褒め称えるという形式が多かった。朝鮮人の英雄的行動について述べるのが中心であり、具体的なテーマ（例えば、独島、略奪、強制連行、親日派など）を持ち出して、日本に対する反感をあおるようなケースはほとんど見られなかった。

しかし、最近の教科書には、先に挙げたような日本についての「具体的テーマ」が、多種多様に掲載されている。次に紹介するのは、現在使われている、中学1年生の教科書からの引用である。

『おじいさんの初恋』　学生作品

日本に国を奪われていた時代のことだそうだ。私たちの国の人々が、日本の巡査を虎よりも恐れながら暮らしていた時期があったんだよ。

その時は本当に色々な噂が多かった。例えば、夜になると、日本の巡査たちが村を歩き回る子どもを捕まえて、虎のオリに閉じ込めてしまうなんていう噂もあったしさ。

　その時、日本の巡査たちが朝鮮女なら年齢に関係なく捕らえていくという噂が流れた。下町に住んでいたチョルジンちゃんもソウルに行ったのではなく、日本の巡査たちに捕えられていったという噂が流れたんだよ。

（中略）

　その翌年、日本から解放されたんだ。ついに日本が韓国から離れることになった。村の人々すべて万歳と叫んだ。少年も日本の巡査が消えるというのだから気分が良かったんだが、心のもう一方の片隅では、少女と別れなければならないことも、なんとなく感じていたんだ。

（『中学校国語2―2』飛翔教育／2012）


　ここでの「日本」は、「巡査」という存在に象徴されている。巡査は子どもを虎のオリに閉じ込める恐怖の存在であり、女性なら年齢に関係なく捕らえていくという「噂」の主人公だ。だからこそ、戦争が終わり、日本が韓国から撤退することになると、朝鮮人は安堵する。

そもそも学生が書いたというスタイルの「小説」なのだから、歴史性や真偽を厳しく追及することは無意味だ。「小説」というのは、基本的にフィクションなのだから。ただ、「小説」だとしても教科書に載っているのだから、学生は真剣にこれを読み、その時代背景を、現実の状況と混同して受け入れる可能性が低くないことを、見過ごしてはならないのではないか。教科書でなくても、歴史上の人物を題材にしたドラマや映画をみては、全て事実であるかのように受け入れる人は少なくない。

これを読んだ学生は単純にその時代を苦難の時期と思うだろうが、実際には小説だけではわからない背景も存在する。

まず、「日本人巡査」ではなく「日本の巡査」と表現した点を考えてみよう。これは、「日本帝国の巡査」という意味で、「日本人巡査」よりはるかに正確な表現である。というのも、日本統治期の朝鮮半島において、「日本の」警察官の約40％は朝鮮人だったからだ。ちなみに日本統治期、警察官という職業は朝鮮人たちにとって羨望の対象であり、人気のある職業だった。

「日本の警察」といえば、小説、ドラマなどでよく「憎むべき存在」と描写されるが、実際、朝鮮半島にいた「日本の警察」には朝鮮人も多かった。

戦争が終わると「日本人の警察官」たちは日本に帰って行ったが、「日本の警察官」の4割近くを占める朝鮮人警察官は祖国である朝鮮半島にそのまま残った。彼ら（日本の警察官であった朝鮮人）は怒りで暴走した朝鮮の民衆から攻撃されたり、監禁されるなど、「報復」を受けることとなった。それだけ、日本統治期の彼らの行動に対する不満や反感が大きかったということである。

ところで、終戦直後、つまり、「日本人の」警察官がまだ半島に残っていた時期に、朝鮮民衆の怒りの矛先となり、攻撃を受けた警察官の数は、日本人よりも朝鮮人の方が多かったという事実は、注目に値すべきところだ。

この数字を見ると、日本人の警察官よりも、朝鮮人の警察官たちに、恨みを抱いていたのではないかという推測さえも可能になってくる。

だが、このような当時の事情について説明してくれる教師な

区分	殺害	傷害	暴行／その他
日本人警察官	2	6	12
朝鮮人警察官	5	40	67

朝鮮民衆に襲撃を受けた警察官の数（1945.8.16 ～ 8.25）
『朝鮮総督府終政の記録：終戦前後に於ける朝鮮事情概要』
（山名酒喜男著／友邦協会／1956）より

ど、韓国ではまずいない。学生たちは教科書に登場する「日本の巡査」は、単に「日本人の巡査」として認識することになる。「日本の巡査」のうちの、４割近くが朝鮮人だったことなど、想像すらできずに。

さらに、小説の中で、日本の巡査が女性と子どもを強制的に捕らえていくという話が出てくるが、これを「噂」として曖昧に処理している。しかし、おそらく学生の頭の中にはそのソースが「噂」であることより、日本の巡査が強制的に捕らえていったという「内容」だけが印象として強く残るだろう。

朝鮮人「巡査」のための弁明

教科書という本題からは外れるが、巡査について、前々から疑問に思っていたことがある。

韓国は日本軍、日本警察、総督府官僚出身の朝鮮人を「親日派」そして「売国奴」と罵倒してきた。彼らを異民族が支配する時代に、異民族に媚びへつらって、保身に走った個人主義者、日和見主義者だとレッテルを貼り付けるのだ。もちろん、そういった人々がいなかったわけではないだろう。

私が疑問に思うのは、仮にこれらの攻撃を認めるならば、彼らの立場になりたかったのに「なれなかった」だけの人々は「無罪放免」扱いでいいのだろうか？　ということだ。

日本軍、総督府傘下の警察官や官僚は、あの時代、まさに憧れの存在だった。採用試験はいつも高い競争率を誇っていたし、朝鮮人にとって最高のエリート、出世コースだった。

１９４４年、６３００人の募集をかけた日本軍に志願した朝鮮人は30万３３９４人。なんと、48・2倍という驚異的な競争率だった。太平洋戦争が起きる前の１９３９年と１９４０年の競争率も20倍を超えていた。

巡査採用試験でも、１９３２年の募集人員８５４人に対する志願者は1万６１９３人。19対1という競争率であり、当然、日本軍や警察官として採用された者は、羨望の的だった。ところが60余年が過ぎた現在では売国奴、親日派扱いである。私の疑問は、ここで脱落した人々は、なぜ何の非難も受けないのか、ということである。

当時、人一倍努力し、高倍率の難関をかいくぐって合格した人が今、売国奴扱いを受けている。だが、日本軍、警察官になりたくて志願したが、その難関を突破できず脱落した人は、批判の対象にもならない。

「日本軍人、警察官、官僚になりたい」という気持ちは同じだったはずなのに、成績が悪かったのか、努力が足りなかったのか、あるいは運が悪かったのか、とにかく、それが叶えられなかった人々である。同じ「願望」を持っていたのに、優秀であることを証明できた人は「売国奴」として叩かれ、そうでなかった人は「無罪放免」とはなんとも滑稽な話ではないか？

もし日本軍や警察が何の基準も設定せず、試験も行わず、志願者をみな受け入れていたのなら、21世紀に入ってから作られた『親日人名辞典』のページ数は、おそらく何百倍にも増えていただろう。

総督府官僚試験も同じだ。高等文官試験のような超難関の試験を突破した秀才たちは親日派になり、官僚になりたかったのに叶わなかった人は何の批判も受けない。これは公正な歴史評価だろうか。

日本軍人、日本警察官、総督府官僚になることが売国的な行動だとするならば、そこに志願した数十万、数百万人も非難を逃れることはできないはずではないか。ところが韓国社会においては彼らの反省もなければ、彼らに対する批判も全く見られない。これでは、そのとき成功した人々へのやっかみだと取られても仕方ないのではないか？

ついでだから、韓国社会の「親日派の基準」についても話をしよう。韓国の親日派の基準によると終戦時に「少尉」以上の軍人は皆、親日派だ。しかし、陸軍少尉を目指し、士官候補生として勤務していた人は、親日派ではない。基準は終戦時の階級で決まるからだ。戦争に反対し、軍部に反抗的だった「少尉」も「親日派」とされるが、一日でも早く戦場に出て戦いたがっていた誰よりも忠実な「士官候補生」は無罪である。

また、日本軍に入隊したとしても、「脱走」した人は親日派の分類から除外されることもある。徴兵制によって仕方なく日本軍に入隊したが、心は戦争に反対したので、脱走したと評価されるためだ。実際、関東軍に配置された朝鮮人には、部隊を離脱して大陸に逃げた人も多く、その中には中国軍に編入された人も少なくなかった。終戦になると、彼らは「独立運動家」の扱いを受けながら韓国社会に戻り、大手を振って歩くことができ、人によっては、親日派を批判することさえもやってのけた。

だが、例えば南洋群島の孤島に配置されたり、海軍として軍艦の乗組員になった人々について考えてみよう。脱走したくても、戦争が嫌でも、終戦まで日本軍の一員として戦い続けるしかなかったのではないだろうか。延々と続く大海の真ん中から逃げだすのは不可能であっただろう。彼らが、もし満州に配置されていたのなら、中には脱走していた人もいただろう。また脱営したいという気持ちはあっても、自分が脱走することで同僚、上官、部下に迷惑を及ぼすのではないかと考え、残った人もいただろう。

しかし、どんな事情があったとしても、終戦後、彼らは「日本軍出身」として一律に扱われ、後ろ指を指されているのである。これが果たして正当な評価であり、批判だろうか？

親日派の「学徒兵讃歌」が国語の教科書に登場

教科書の話に戻ろう。韓国に徐廷柱《ソジョンジュ》という有名な詩人がいる。日本統治期の朝鮮全羅北道で生まれ、文筆家として活動、韓国の現代文学に大きな影響を及ぼした大物だ。彼の詩は、文学的に高い評価を受け、多くの韓国人に愛唱され、代表作『菊のそばで（국화 옆에서）』は教科書にも載った。

この詩は、菊の花を素材に、人生が円熟していく様子を表現したもので、現代韓国の名詩であるとの評価を受けての掲載であった。

しかし、21世紀に入り、「親日派清算」という名の歴史の再評価が行われる中で、彼は韓国の代表的な親日派だと非難を受けるようになった。戦争末期である1944年、「毎日新報」という新聞に発表した詩、『松井伍長頌歌』が問題となったのである。ここでの松井伍長とは松井秀雄、朝鮮名印在雄《インジェウン》という、レイテ沖海戦に特攻隊として参戦し、戦死した実在の人物だ。朝鮮青年として特攻隊に志願し、戦死した松井に対して当時の朝鮮の新聞は「模範的な朝鮮人」として大々的な宣伝活動を繰り広げたのだが、その活動の一環として、その時代の代表的文人である徐廷柱が松井を称賛する詩を書いたのだ。

21世紀の韓国社会で、時代背景を無視したまま、この事実だけにスポットライトが当てられた。そして、突然に、徐廷柱を格下げすべきだという運動が始まった。『親日人名辞典』に彼の名前が掲載されると、国語の教科書から彼の作品を削除すべきだという声が上がり、結局、彼の作品は教科書から削除されることになった。あんなにも高い評価を受けていた『菊のそばで』すらも、姿を消してしまったのである。『松井伍長頌歌』が親日的な性格を有する詩であるということを否定することはできない。しかし、終戦後、つまり日本の影響下から離れた後に詠われ、高い評価を受けた叙情詩までをも消し去ることが、果たして賢明な判断だろうか？　一度「妥協」した人は、一生その烙印を背負って生きていかなければならないのだろうか？　功績と過ちを分けて考えることをせず、一つの過ちをもって、全ての功績を否定する韓国社会の姿勢には、ファシズム的狂気さえも感じさせられる。

ところが、徐廷柱の詩が消え、「愛国」純度の高くなった国語の教科書に、驚くべき作品が登場した。『日の丸の波（일장기의 물결）』というタイトルの、日本軍に入隊した朝鮮青年たちを称賛する作品である。この作品は、韓国の有名小説家金東仁《キムドンイン》（１９００〜１９５１）が、１９４４年に「毎日新報」に発表した作品で、当時の典型的な戦争プロパガンダ的作品である。金東仁は、日本統治期に総督府の政策に「協力」した知識人でもある。当然、現在の韓国社会では、代表的な「親日派」としてその名を知られている。そんな彼の作品が中学校の国語の教科書に載った。

『日の丸の波』

（前略）

学徒兵、そして学徒兵を送る人

筆を執った手に、筆の代わりに刀を握り、お呼びかけに応え、勇敢に正義に従い進み出んとする「私たちの若い勇士」。彼らはここで、暖かい愛に包まれた同胞から離れ、ただ「皇軍」という単一の称号の下でお上の足元に身を投じる、「新」と「旧」の生活の岐路に置かれているのだ。

昨日までを考えれば、両親には不肖の息子であり、弟らには欲張りであり、先輩には面倒なお荷物であり、仲間うちでは駄々っ子だったこの少年が、ここで古い服を脱ぎ捨て、新しい服に着替えたとき、彼は陛下の忠実な臣下であり、国家における頑丈な干城となり、社会における聖なる秩序の保護者となるのだ。

（『中学校　国語1―2』飛翔教育／2012）

いくら当代を代表する有名な文人が書いた文だとしても、この文が、学生の文学鑑賞能力や表現能力を学ぶために適切だろうか？　そうだというのには少し無理がある。だがそれが目的でないとすれば、過去に親日的な作品を書いたという理由で、日本とは関連のない作品まで削除する韓国で、なぜ、唐突にこのような学徒兵を讃美するような文章が載ることになったのか？

実は、これは「文学」とはなんら関係のない、「親日派」という社会的問題を提起するための捨石である。この作品の直前に独立運動をして投獄された経験がある沈熏《シムフン》（1901～1936）の作品が紹介されているからである。

沈熏の作品は、獄中で母に宛てた手紙文で、刑務所の中の苦労と祖国に対する熱い情熱が記されている。「独立運動家」と「親日協力者」の作品を同時に並べ、2人の「文学」ではなく、「軌跡」を比較しているのだ。

それは、この二つの文章を紹介している章のタイトルが「同じ歴史、違う選択」となっていること、そして章末の課題として「もしも国を奪われた状況に自分が置かれたなら、どちらに近い立場を取るのか考えてみて、その理由を話してみましょう」と、学生に問いかけていることからもよくわかる。

これが果たして、「国語」教育といえるだろうか？　私にいわせれば、これは国語教育というより道徳教育、倫理教育である。

「抗日英雄称賛」から「親日派非難」へ進化

私の学んだ時代（すなわち80年代）の「国語の教科書」と「歴史の教科書」は互い

に指向するものが違っていた。その結果、韓国の「国語の教科書」と「歴史の教科書」では、日本の扱い方が違った。

「歴史の教科書」では日本による強制動員、収奪が重要視されていたが、一方で、「国語の教科書」では、抗日運動家を英雄視して、「抗日」や「愛国心」が重要視されていた。これは、民族主義的な自尊心、そして自信の回復のためであったように思う。そして、日本に対して友好的な教科書とは、とても言えるようなものではなかったが、「加害者」としての日本の姿を具体的に挙げるようなことはしていなかった。「被害」の具体的叙述は、「言語能力」とあまり関連がないことを当時の教育者たちは知っていたのだろう。

　ところが、現代の「国語の教科書」を見ると、「歴史の教科書」と同様、「被害者」としてのイメージを強調しているような感じを受ける。巡査の話が出てくる前述した物語『おじいさんの初恋（할아버지의 첫사랑）』でいえば、「被害者」（捕らえられていく女性）と「加害者」（朝鮮民族を弾圧する巡査）の関係がそうだ。

　さらに、付け加えられたこととして韓国内の問題、つまり、朝鮮民族の裏切り者、売国奴についての言及である。韓国内の人物すらも攻撃するような傾向が出てきたのである。「加害者＝日本＝悪」の図式に、「悪へ協力した人＝親日派＝悪」という図式が追加され、定着した韓国の世相をよく反映した教科書である。

これらは、21世紀に入り始まった、「親日派」に関する論戦、批判の影響に他ならないのだが、この親日派論戦は、実のところ「歴史的」理由よりも、「政治的」理由により動いている。政敵や、対立する団体、マスコミを攻撃するために濫用されるケースも少なくない（詳細は「第8章」で述べる）。元々、政治的争いごとというやつは、手段や方法を選ばない泥仕合であることが多い。従って「親日派への攻撃」を手段として利用すること自体は驚くようなことではない。だが、その動きが広く社会に影響を与え、教育にまで影響を与え、子どもたちの情緒を育てているということについては、危機感を覚えずにはいられない。

第4章　韓国の「道徳教科書」を読む

美談と日本

韓国では小学校から高校に至るまで、道徳教育が行われる。親孝行、礼節、修身、愛郷、愛国心など、価値観を教える科目であり、教訓を与えるための短い物語を集めた教科書を中心に、授業が行われる。

私の時代には、国語と同様、反共教育の内容が多く含まれていたことも一つの特徴である。北朝鮮と軍事的に対峙しているだけでなく、互いに体制の優越性を主張し合っていた当時の世相を反映していたのだ。

小学校の「道徳」は、逸話形式の物語を中心に行われ、中学校に上がると、理論的、イデオロギー的な内容が多く含まれるものへと発展した。高校時代には、「国民倫理」という科目名に変わり、同様の内容の教育が続けられた。

「国民倫理」の教科書は、韓国に対する自負心の植え付けを意図したもの、北朝鮮の体制批判、そして、いくつかの哲学思想についての簡単な説明で構成されていた。これらを高校の3年間をかけて習うという、いわゆる暗記科目だ。

授業時間に議論したり、反論を唱えるような機会は与えられず、教師により教科書の内容理解のための説明がなされ、試験によく出る部分が強調されるだけの時間だった。たまに勇気を出して教師に質問する生徒もいたが、そんなときに教師から返ってくる答えは大概「そんなことは、大学に行ってから悩み、考えろ。まずは、大学に入ることに集中しろ」というものだった。

今になって考えてみれば、自ら考えてみたり、疑問を持ったりすることの許されない「道徳教育」「倫理教育」で私たちはいったい何を得たのだろうかと疑問が湧いてくる。だが当時は、それがおかしいと考えることも、その余裕すらもなかった。疑問など抱かず、教師が、学校が、国が定めた知識を吸収するのが勉強だと信じていたからだ。

私が学んだ時代の「道徳」や「国民倫理」の教科書についていえば、歴史的事件に関連し、愛国心に関する話が載っていたり、文化財に言及し民族の優秀性について語る程度には出てきたが、歴史的な内容に出会うことは多くなかったように思う。もちろん、「日本」という素材が登場することもあった。だが、それは歴史の科目とは異なり、反日一辺倒というわけではなかった。時には「恩人」であり、時には「友愛の仲」でさえもあった。最近の韓国社会の状況を考えると、想像することさえ難しい事実だ。

では、その教科書で正しい価値観を学んだはずの韓国の学生が、それを、反日感情を和らげるために活用できなかった理由は何だろうか？

答えは簡単だ。その対象が「日本」であることが隠されていたり、その内容が教科書に長く載せられることなく消えてしまったからである。

「外国」として表現される「日本」

人類愛、愛の尊さなどを強調する「道徳の教科書」を見ると、世界のために努力を惜しまない偉人たちの美しい逸話が数多く紹介されている。

例えば、朝鮮末期の文臣でハングル学者、同時に種痘法を朝鮮に導入・伝播し、多くの人の命を救った医学者でもあり、1902年に大韓帝国皇帝、高宗《ゴジョン》から八卦勲章を受けた池錫永《ジソギョン》（1855〜1935）の逸話がそれである。韓国における彼の功績は非常に大きく、現在も子どものための偉人伝集には、彼の名前が必ず載っている。

1981年版の小学校6年生用『道徳の教科書』に掲載されている彼の逸話を紹介する。

池錫永先生は、子どもたちの命が天然痘により奪い取られるのがあまりにもかわいそうに思われて、また、それが幽鬼のいたずらだと思っている人が多いので、これをどうしたらよいものかと悩んでいました。そんなとき、**外国人が書いた**『種痘亀鑑』という本を手に入れました。この本を読んで、天然痘は幽鬼のいたずらではなく、恐ろしい伝染病の一つであり、種痘を実施すれば、事前に予防できることを知りました。

（中略）

「そうだ、釜山に行ってみよう。釜山には、外国人がたくさん来るから、そこに行けば種痘について知っている人がいるだろう」

こう考え、路銀を用意して、釜山まで歩いて行きました。半月かかって釜山港に着いたときには、倒れるほどに疲れきっていましたが、一日でも早く種痘のことを知らなければならないと考え、休むことなく、外国人を探し回りました。ついに、池錫永先生は釜山に来ていた**外国人医師**に出会いました。そして、種痘のことを詳しく知るようになり、ついには、種痘薬２瓶、種痘針３本、その他の接種器具まで譲り受け、再びソウルに戻りました。

（中略）

人の命というのは何よりも大事なものだと考え、恐ろしい伝染病である天然痘から子どもを救うためにその生涯を捧げた池錫永先生は１８９９年、わが国で初めて設立された医療専門学校の初代校長に就任しました。この学校が今のソウル大学校医学部の前身です。


（『小学校道徳６―２』１９８１）

〔太字と傍線は著者による〕

この文章の出典は池錫永の実際の経験を元に書かれた伝記である。事実と大きく異なる内容や間違いはないようである。

しかし、この物語には「隠された」事実がある。それが「日本」に関連する内容である。本文によると、池錫永が種痘の医学的知識を得た最初のきっかけは、外国人が書いた『種痘亀鑑』という本とあるが、この本の著者である「外国人」が久我克明という「日本人」であることは、調べてみればすぐに分かることである。それでも、本の名前だけはそのまま表記しておきながら、著者の国籍だけは隠したのである。

このような例はここだけではない。池錫永が種痘法を学んだ具体的な場所であるが、釜山にあった日本海軍の建てた病院、官立済生病院であり、教科書に登場する「外国人医師」とはまさに、「日本の医師」だったのである。

実際には、彼はこの病院の存在を知っていて、ソウルから釜山に向かったのだから「探し回った」というのも厳密に言えば間違いであるような気がするが、それは伝記ゆえの誇張表現だとして許される範囲だろう。

近代医学の分野において、朝鮮よりもはるかに先を歩いていた日本や西洋から知識や技術を取り入れることは、当然の判断であり、恥ずかしいことではない。その知識を得るきっかけとなったのが「日本」「日本人」であることを隠して「外国」「外国人」と表現しなければならない理由がどこにあるというのだろうか？　数百年の間、朝鮮が信じていた、文化的優位性という幻想に固執した結果だろうか？

道徳の教科書には載っていない後日談になるのだが、池錫永は種痘法を本格的に学ぶために1880年に日本に渡っている。そして、彼はこれ以外にも、朝鮮の開化党《ゲファダン》(日本の支援を受け独立国家を目指した急進改革派）と近い立場にあり、日本を通じての新しい文物の受け入れを積極的に推進した。
そして、朝鮮民衆の命を救った人物として、広く国民の称賛を受けていたはずの池錫永もまた、21世紀に入り吹き荒れた「親日派狩り」の嵐から逃れることはできなかった。彼が日本と、さまざまな場面で交流を持ち接触していた、という側面がクローズアップされたためである。

民衆を救った医療の先駆者、池錫永は、１９０９年に伊藤博文の追悼式で弔文を読んだことが決定的理由として親日派だと断定され、批判を受けることになった。彼が種痘法を普及した地域である釜山では「釜山を輝かせた人物」の選定候補にまで挙げられていたのに、１００年後の「親日基準」によって候補から除外されるという侮辱を受けることになったのだ。

韓国史上最高の愛国者として礼賛されている安重根《アンジュングン》により暗殺された伊藤博文は、韓国人が代表的な「悪人中の悪人」と評する人物である。実のところ、伊藤がどんな人物だったのか、どんな行為をしたかについて、詳しく知っている韓国人はほとんどいない。ただ、韓国統監府（朝鮮総督府の前身）の統監だったという理由だけで、「悪人」だと信じられているのである。

見方を変えれば、伊藤が悪人でなければ、安重根の行動を正当化し、かつ、高い評価を与えることができない。韓国の英雄安重根を讃えるために、伊藤は無条件に悪人とされてきた。その結果、伊藤の死を悼んだ池錫永までもが当然「親日派」とみなされたのだ。

しかし、韓国の親日派基準は主観的で、可変的だ。主観的な親日派非難であるから、その判断は当然、一貫性に欠ける。伊藤博文の追悼式で弔文を読んだ池錫永のケースがまさにそれだ。

同じとき、朝鮮皇室は伊藤博文の死に、心からの哀悼の意を表しただけでなく、東京で開かれた葬儀には特使までも派遣した。朝鮮王純宗《スンジョン》は追悼の辞で、伊藤を狙撃し現在韓国で最も有名な独立運動家として崇拝されている「安重根」を「凶手《ヒュンス》」と表現し、伊藤ではなく安重根を悪者と扱ったのだ。しかし、朝鮮皇室は何があっても「親日」という批判を受けることはない。

ダブル・スタンダードの被害者は池錫永だけではない。２０１３年、日本の菅義偉官房長官が「安重根は犯罪者」と述べたことに対し、韓国側が憤怒、日本側に抗議したことがある。この一件も、全く同じ構造だといってよいだろう。

伊藤博文の追悼という同じ行為をしているのに、民衆を病気から救った不世出の医者は、「売国奴」となり、安重根を「犯罪者」と呼んだ日本の官僚は批判を受けるが、彼らとまったく同じ行為をした朝鮮皇室が何の批判も受けないのはなぜだろうか？

その理由は、いたってシンプルな韓国社会の「不文律」が説明してくれる。朝鮮皇室は、常に日韓併合の「被害者」であるべきであり、「受益者」あるいは「悪者」であってはならないという暗黙の了解である（実際、日韓併合によって最も恩恵を受けたのは朝鮮皇室であるのにも関わらず！）。

朝鮮皇室への批判は、「一方的被害を受けた国＝韓国」「被害者＝朝鮮皇室」という韓国社会の「常識」を覆すことになる。韓国社会は朝鮮皇室への批判が「日韓併合の正当化」につながる可能性があると恐れ、なんらかの問題があったとしても朝鮮皇室だけは絶対に批判しないことにしている。

つまり、韓国人が「朝鮮は早く滅びるべきだった」「日本は憎いが、朝鮮皇室の政治よりましだった」と考えるようになることを恐れ、朝鮮時代をあたかも天下太平の世だったかのように描いているのだ。朝鮮末期には王族や権力層の横暴により、民衆は疲弊しきっていたという現実にも関わらず、当時の民衆の苦しみに目をつむり朝鮮皇室を支持する。

もし池錫永が朝鮮皇室の一族だったとしたなら100年後の今日も、彼が非難を受けることはなかったに違いない。それにつけても池錫永の数千、数万人の命を救った「功績」すらも、伊藤博文の死を哀悼したという過ちの前では評価を取り消され、むしろ非難の対象とされてしまうという現在の状況は、非常に残念でならない。

北朝鮮批判の助演として登場する「日本」

韓国の教科書において「反共」の色彩が強かったのは90年代ごろまでである。国語、社会、国史などの科目でも反共の傾向は強かったが、価値観を植えつける科目である「道徳の教科書」は学年を問わず、それが際立っていた。

現在の韓国の教科書ではみられなくなった、「日本の活用方法」なのだが、90年代ごろまでの、すなわち「反共」教育が盛んだったころまでは、北朝鮮を「間接的に」批判するために日本が利用されることもあった。北朝鮮を韓国ではなく、第三者である日本に批判させることで「客観性」を強調しようとしたのだろうか。

例えば、1982年小学校4年生の教科書には、北朝鮮を訪問した外国人記者たちの話が紹介されている。外信記者たちの目に映った北朝鮮は、深刻な燃料難のため街中でも車を見かけることがなく、電力不足のために工場の機械を稼動させることもできず、労働者たちは仕事がなくて休んでいるという哀れな国だった。それでも自国のシステムを宣伝する「共産体制」にツッコミを入れる人が登場するのだが、それは「韓国人」でも「外国人」でもなく、他ならぬ「日本人」記者である。

次に紹介する文章は、路上で交通警察が一人もいないのを見て不思議に思った外信記者が理由を尋ねたときの会話である。

「私たち北朝鮮には、交通警察は必要ありません。資本主義社会は無秩序であるため、交通警察が必要ですが、私たちのような共産主義社会にはそういったものは全く必要ありません。私たちの社会は秩序が取れているということです」

静かに聞いていた日本の新聞記者はしばらく考え込んでいましたが、

「交通事故が発生することは絶対ありませんよね。まったく車がないのに、どうしたら交通事故が起きるのでしょう?」

と皮肉って言いました。

この言葉を聞いた北朝鮮側の案内員は、顔を真っ赤にして怒りに震えていましたが、言い返す言葉を見つけられなかったということです。

（『小学校道徳４―１』１９８２）

この話はこれで終わりではない。工場見学を行った時にも、北朝鮮の案内員を当惑させるような鋭い質問をする役割を「日本人」記者が務めている。これが実際にあったことを脚色したものなのか、完全な創作なのかはわからないが、反共主義を徹底させることが最も重要視されていた１９８０年代の教科書に、このような形で「日本人」が登場したことは非常に興味深い。もちろん、北朝鮮や日韓の親北朝鮮勢力がこれを知ったら不快に思うに違いない。

しかし、教科書を作った韓国がそれを心配する必要はない。北朝鮮に恥をかかせたのは「韓国」ではなく、「日本」だと書いてあるのだから。

消えた美談

日本について肯定的なイメージや友愛を強調する内容が全くなかったわけではな

い。過去の「道徳の教科書」には日本から支援を受けた美談事例が載っていたこともあった。

例えば、難病を患っている韓国の少年が、治療薬を手に入れられず、生死の境をさまよっていたとき、日本から空輸されてきた薬のおかげで、救われたというストーリーがそれだ。これは、1972年に実際にあった出来事で、韓国では全国紙でも紹介された。そして、国境を越えた人類愛の好例として、1970年代の後半には教科書に掲載されるようになった。

11・愛の救命活動

「もしもし、もしもし、もしもし。こちら韓国。聞こえますか」

「トーキョー、こちらトーキョー」

「もしもし、トーキョー。こちら韓国。韓国のある少年がウィルソン病で苦しんでいる。ペニシラミンを手に入れられないか？」

「了解。努力してみる」

これは、無線技士である金さんと、日本の無線技士との交信内容です。


非常に珍しいウィルソン病に罹ったウンギュ君！

世界的にも珍しい病として知られているウィルソン病に罹った患者が、ただ一つしかない治療薬であるペニシラミンという薬を手に入れる術もなく、生死の境を彷徨っている。

18歳になったウンギュ君は、この6年の間、有名だと言われる病院には全て行ってみたが、病名すら分からずに苦しんでいた。しかし、とうとうソウルまで来て大学病院に入院し、何人もの医者の総合診断の結果、ようやく病名が判明した。ウィルソン病は百万人に一人の割合でかかる、私たちの国ではもちろんのこと、外国でも珍しい病気だという。

発病後4年から8年で生命を失うというこの病気にはペニシラミンを服用する以外の治療方法はないそうだ。

ウンギュ君の看病のために、手を尽くしてきた年老いた父親は、疲労がたたったのか3年前に亡くなった。昨年には残された畑まで、借金取りの手に渡ってしまった。

ウンギュ君を無料で治療してくれている大学病院には、ペニシラミンが無い。BALという代用薬を使っているが、それは一時しのぎ的な効果があるだけだという。

担当医師は、ウンギュ君の症状は危機的な状況だが、今からでもペニシラミンを服用させたら命を取り留めることはできると話しているが、気の毒なことにウンギュ君の家の経済状況では、外国からこの薬を買うほどの余裕がない。

この新聞記事を読んだ人々は皆、どうしたら、この命を救うことができるかと心をくだきました。あちらこちらで、愛の救命運動が展開されました。その中でも、無線技士たちの間での交信活動が活発に行われました。

ウンギュ君の救命薬、ペニシラミンを手に入れられたのは、世界の無線技士たちに、緊急信号で支援を呼びかけ続けた、金さんの粘り強い訴えがついに実を結んだ結果でした。

最初の交信は、フィリピンとの通信でした。けれど30分後に帰ってきたのは、手に入れることはできないとの回答でした。

ちょうどこのとき、日本の無線技士から最善を尽くしてみる、との連絡が入りました。その一方、南シナ海を航海中だった米国の輸送船の船長から、日本で薬を手に入れることができなければ米国に電報を打ってでも手に入れよう、という回答が入ってきました。

十数カ国の無線技士からそれぞれに、助けよう、という無線交信が、一斉に入ってきました。

交信が始まって1時間たち、ようやく成功を知らせる日本の回答が入ってきました。

「いくつかの製薬会社を当たってみて、薬を手に入れた。すぐ送る。全快したら教えてください」

無線連絡をしていた人は、金さんだけではありませんでした。国内の何人かの無線技士たちも、同じように、この活動に参加し、大韓赤十字社の婦人会員たちも、治療費に使ってくれと、募金を集め送ってきたのです。

これらの国内外の救命運動は、国境や宗教や人種を越え、愛の精神ひとつで展開されました。

国境を越えた愛の救命活動により、わずか8時間でペニシラミンがソウルに到着しました。

「助かったのね」

ウンギュ君が最初の錠剤を飲み込むのを見守っていたお母さんの目から涙が溢れ出しました。

「ありがとうございます。ありがとうございます。幼い生命を救ってくださって、本当に……」

ウンギュ君のお母さんは、そばに立っていた無線技士の金さんに感謝の言葉を最後までつなげることができませんでした。

国境を越えた愛の交信が実を結び、一人の少年の命を救うことになったのです。

（『小学校道徳6―1』1979）


『愛の救命活動』というタイトルで教科書に掲載されたこの物語は、国境を越えた人類愛を感じることができる教訓的な物語である。ちなみに、日本から韓国への「救命活動」は、このとき一度だけ行われたものではない。1975年、同じウィルソン病にかかって生死の境をさまよう韓国の子どもを助けるため、日本の武田薬品がペニシラミンを集め、急いで韓国に送り、命を救ってくれたことがある。この時も韓国の医療スタッフや患者の家族は、武田薬品側に本当に感謝したし、これもまた新聞に大きく報道された。

競争と紛争の話ではなく、このような隣国との協力と友愛の内容を多く紹介したならば、学生は隣国に対し悪いイメージよりも、良いイメージを持つようになるという効果が期待される。しかし、残念なことに、この物語は間もなく教科書から消えることになる。この物語が、１９８２年の教育改正で早々に姿を消して以来、日本から支援を受けたり、友情を育んだという物語を学ぶ機会はなくなってしまった。

21世紀の変化──「反共（反北）反日」から「親北反日」へ

韓国の国語、道徳の教科書について言えば、日本についての間違った情報や、誤解しかねないような内容は含まれているものの、日本を憎悪するように誘導したり、日本を直接批判するような露骨な「反日」を感じさせるような内容は目立たない。少しずつ、少しずつの積み重ねで日本に対するイメージを形成していくのを助けるような内容がたくさんあるだけである。それは現在も大きく変わっていない。

一方、日本から受けた支援や協力は、その主体が隠されていたり、短い期間、紹介されたがすぐに消えてしまうというケースが多かった。もちろん、一度消えた内容が教科書に復活することはなかった。

以前の道徳の教科書といえば、「反共教育」の教材といってもあながち間違いとはいえないほどだった。北朝鮮の政治、経済、社会制度を批判し、北朝鮮は消えなければならない「悪」であるかのように教えた。

あれはなんだったのかと首をかしげたくなるほどに、近年の教科書は完全に変わった。同じ言語を使う民族であると同一性をアピールし、北朝鮮には多くの地下資源があり統一すれば、韓国の資本、技術力と融合して強大国に成長することができるということを強調し、また、若い人たちは軍隊に行かなくてもよくなり、国防予算が減って、より豊かに暮らすことができるという、甘い甘い言葉を連ねている。

だが、これらの主張は、相手のことをよく知りもしないのに自分の理想を重ねて恋に恋をしている、思春期の少年の片思いのような「妄想」に過ぎない。たとえば、北朝鮮の地下資源が多いということは確たる根拠のない「推測」である。教科書の記述を見ても何か釈然としない。

北朝鮮の地下資源は、北朝鮮の国土の約80%に分布している。中でもマグネサイトの埋蔵量は世界1位といわれていて（中略）

さらに、北朝鮮には約1100兆ウォンに相当する石灰岩が埋まっているといわれている。韓国の1年のGDPが約1000兆ウォンであることを考えると、その規模を推し量ることができる。

（中略）

特筆すべき点は、北朝鮮はこのような地下資源を開発する能力が不足しているということだ。そうだとすれば、誰が北朝鮮と、これらの資源を開発したらよいか？　韓国は、この過程でどのような役割を果たすことができるだろうか？

（『中学校道徳2』天才教育／2012）

「～といわれている」というのは、都市伝説、デマを拡散させるときによく使われる言葉だ。そして、その言葉からは「客観的な根拠がない」ということが読み取れる。

そんな不確かな情報を基に、「教科書」が何かを主張するというのは、無責任だといわれても仕方ないのではないだろうか？

さらに、最後の「北朝鮮は、資源は多いものの技術と資本が足りないから、韓国の協力が必要である」という模範解答を期待するような記述に注目してほしい。間違いなくそう答えるのが「正解」だと考えたくなるような文面だ。

だが冷静になって考えてみれば、仮に、万が一北朝鮮にそれだけ価値のある地下資源が眠っているのであれば、今ごろ世界中の資本が、鉱物の開発権を獲得しようと競争を繰り広げ、採掘装置を持ちこんでいるはずではないか。残念だが、そのような話は聞いたことがない。そして、逆の事例であれば、つまり北朝鮮に技術と資本を投資した結果、信じられないほど損をしたという事例であれば、在日コリアンの実業家、中国の大手企業などからいくらでも聞こえてくる。

例えば2012年、韓国マスコミは、中国の500大企業に数えられるマグネサイト加工企業の西洋集団（遼寧省）が北朝鮮・黄海南道甕津郡の甕津鉱山に2億4000万元（約29億5000万円）を投資して鉄鋼石の選鉱工場を建設したが、投資を全く回収できないまま一方的に契約を破棄されて現地を追い出されたと伝えた。これは西洋集団が公式ブログ、ツイッターを通して暴露した内容だが、西洋集団は「北朝鮮への投資は悪夢だった。過去４年間の北朝鮮との接触で、彼らは詐欺師、強盗だという事実がはっきりわかった」と怒りを表した。実際に北朝鮮に投資して大きな損害を被った会社の話と、何の根拠も提示してない韓国の教科書。どちらが信用できるだろうか。

北朝鮮との民族単一性を強調することの意味

北朝鮮との民族単一性を強調することには危険が伴う。韓国と北朝鮮が共通して持ちうる「価値観」が何か、ということを探っていけば、それがなぜ危険なのか、その答えが見えてくる。

韓国や北朝鮮のように民族主義を強調する社会では、反作用として「外部勢力」に対して拒否感を持つ傾向がある。韓国、北朝鮮にとって共通の「外部勢力」といえば米国と日本である。

実際、韓国には北朝鮮対米国、北朝鮮対日本のスポーツ試合が行われる場合、同盟国の米国、日本ではなく北朝鮮を応援する人が少なくない。元々同じ民族としての親近感があるというのも理由の一つではあるだろうが、韓国の教育現場で行われる民族主義を強調した教育の成果ともいえるだろう。1970年代にも民族の優秀性を強調する教育は行われていたが、その時代は強い「反共」教育が同時に行われていたため、北朝鮮との共存を目指したり、親近感を持ったりすることなど、まず考えられなかった。北朝鮮に友好的な内容、脱北者に対する配慮・接し方まで教える現在の教育は天と地の差である。

韓国の道徳教科書から露骨な「反共」が消え、平和、共存を強調するようになったのは、冷戦終結による自然な流れだったのかもしれない。しかし、韓国人が北朝鮮以上に反感を持っている日本に対する態度は、依然として「友好」や「和解」という言葉からはあまりにもかけ離れたままである。

詳細は「第8章」で述べるが、そうでなくても韓国の「親北」は「反日」「反米」を伴う傾向がある。あまりにも性急に、「同じ民族」だけを理由に、北朝鮮との「友愛」「共存」だけを訴える道徳教育からは危険な香りが漂っているように感じられてならない。

第5章　韓国の「音楽教科書」を読む

音楽教育は反日感情とは無縁か？

音楽教育は、幼少年期に行われる基礎教育のなかでも、身近な科目に数えられる。歌は人間にとって本能的な遊戯であるからだ。子どもたちの多くが、ごく幼い時期からメロディーを口ずさんだり、歌を歌ったりしながら育つ。子どもたちが、「歌の教育」を受け始めるのは、おそらく幼稚園（あるいは保育園）に入園したころからではないだろうか。この時期の子どもたちが学ぶ歌の大部分は、明るく、美しい曲調の童謡である。実際、私自身も幼稚園時代に学んだ歌は、そういった楽しい童謡ばかりだった。

音楽教育と反日感情の関係について考えてみて欲しい。そこには何の関係もないだろう、と考える人の方が多いのではないだろうか。そして、近年発行された韓国の音楽の教科書に日本の童謡『さくら』が紹介されているのを見たのなら、その考えが、大きく外れていることはないと、確信するだろう。私も、韓国政府と教育当局が、音楽教育を通じて、日本に対する感情をコントロールしようとしているなどとは思わない。歴史教育や、マスコミの活動だけでも十分過ぎるほどの効果を得られているのだから。

だが、今になって、冷静に学生時代を振り返ってみると、小学校に入学してから学んだ歌は、少年時代の私たちに、「歌という芸術」を知り、楽しむことを教えてくれただけではなく、とある「イメージ」の形成に、間接的な役割を果たしていたのではないかという疑念が湧いてきた。そのイメージは、ある日、突然、学生の頭や心に定着するというタイプのものではない。おそらくは無意識のうちに、「反復」されることによって徐々にそのイメージは浸透し、ついには定着してしまうのである。

国歌、そして、「国家記念日の儀式曲」

韓国では、小学校に入学した子どもたちは、幼稚園（保育園）時代には触れたことのない、新しい「ジャンル」の歌に出会うことになる。そのジャンルとは、国家の「公式行事」および「記念日」のための歌である。その中で、最も重要な曲は、当然のことながら、韓国の国歌である『愛国歌《エグッカ》』だ。国歌を教え、歌わせることは、愛国教育につながる。とはいえ日本でも、国歌である『君が代』は小学校で教えるのだから、韓国で『愛国歌』を教えることも、当たり前のこととしてみてもらえるのではないかと思う。国歌は、学校やスポーツ大会などで、頻繁に歌われる曲でもあるため、小学校という、初期教育の中に組み込むことは、理にかなっているといえるだろう。

しかし、韓国の小学生にとって、国歌はその始まりに過ぎず、毎年のように新たな、「国家記念日の儀式曲」を学ぶことになる。特筆すべきは、韓国の祝祭日には、独立運動を記念する3・1節《サミルジョル》（3月1日）、戦没将兵および愛国志士を追慕する顕忠日《ヒョンチュンイル》（6月6日）、日本から独立した日を祝う光復節《クワンボクジョル》（8月15日）など、愛国と無関係ではいられないような意味を持つ日が少なくない。当然、これらの歌は、愛国心を刺激し、国歌に対する自負心を植え付けるのには十分な内容だ。そして、これらの歌は、毎年その祝祭日が近付くと、学校行事の一環として歌われる。小学校はもちろん、中学校でも、高校でも。

ところで、ソウル市教育庁中等教育対策課による、2009年に出された学校別評価報告書を見てみると、『3・1節の歌』『光復節の歌』を教えている、ある高等学校について、次のような評価が与えられている。

祝祭日	曲名	指導時期	内容
3月1日	3・1節の歌	3学年	1919年3月1日に発生した抗日万歳運動を記念
6月6日	顕忠日の歌	(削除済)	戦没将兵および愛国志士の追慕
7月17日	制憲節の歌	(削除済)	憲法制定を記念
8月15日	光復節の歌	4学年	太平洋戦争の終戦を記念
9月9日	ハングルの日の歌	6学年	ハングル創製を記念
10月3日	開天節の歌	5学年	建国を記念

韓国の祝祭日と記念曲の内容、色塗り部分は日本と関連した祝祭日

○○大学校師範大学付属高等学校
「国家記念日の儀式曲　指導」

音楽の時間、および自治活動時間を活用し、**3・1節、顕忠日、制憲節、光復節、開天節等、国家記念日の儀式曲を指導することにより、学生に国家正体性を確立し、正しい歴史認識を育成している。**

〔太字と傍線は著者による〕

つまり、音楽教育を通じて「国家正体性」、すなわち韓国人としてのアイデンティティ、そして韓国人としての「歴史認識」が確立することは、偶然の産物などではなく、あらかじめ意図された教育の結果だったのである。

言い方を変えれば、このような「国家記念日の儀式曲」教育は、本来、芸術性や創造性、そして、美に対する感性や、それを楽しむ心を育てることが目的であったはずの音楽教育にも、「国家の意図」が介入していることを示す一つの例である、ということだ。

現在、小学校の教科書に載せられている、国歌記念行事に関連する歌は4曲。[※1]これらのうち、日本と関連付けられるのは『3・1節の歌』『光復節の歌』の2曲である。

この2曲は、小学校卒業後にも毎年、学校や政府行事で歌うことになる。それに、男性の場合、高校を卒業した後にも、軍隊において、再び出会うことになる歌だ。言い換えれば、少年期〜青年期の学生は、毎年同じ時期になれば、これらの歌を歌い、歌詞の内容を考えるという「反復学習」が行われるのである。これらの2曲の歌詞をみてみよう。

『3・1節の歌』

己未年3月1日正午
溢れ出した満ち潮のごとき　大韓独立万歳
太極旗　ここそこで3千万が一つに
この日は私たちの義、命、教訓
漢江の水が再び流れ　白頭山が高くそびえた
鮮烈なこの国を見よ

同胞よ　この日を長く輝かせよう

（鄭寅普《ジョンインボ》作詞／朴泰鉉《パクテヒョン》作曲）

『光復節の歌』

大地に再び触れてみよう　海の水も踊る
この日を待ち望んでいた　先達よ　友よ　その悲しみよ
この日　40年間の流れた血の痕跡
長く　長く　守ろう　長く　長く　守ろう

夢の中でも忘れるものか　過ぎたことだと忘れるものか
皆で幸福の種を植え　大事に育て　天まで届かせよう
世界の希望となり　神聖なる光をここから照らす
力を尽し　力を尽し　前に進もう　力を尽し　力を尽し　前に進もう

（鄭寅普作詞／尹龍河《ユンヨンハ》作曲）

歌詞をみると、「反日」的内容であるとは言い難い。純粋に、万歳独立運動を起こしたことを誇り、日本の植民地統治から解放された感激を表現しつつ、祖国愛を強調するという内容である。

それでも、学生たちは毎年「日本」を意識せずに過ごすことはできない。万歳運動を称賛し、祖国解放に感激するためには「日本」という対象が必要だ。もし、日本が明るいイメージの親近感が抱ける存在なら、このような歌が感動、感激を与えられるとはあまり期待できない。このような歌が作られた目的に相応しい効果を挙げるためには、日本はいつまでも陰険で、悪いイメージでなければならない。

私自身も、この歌を小学生の時から歌い、祖先に対する追慕の気持ちを抱いていた「少年」のうちの一人だ。3・1節が近付くと、学校の運動場に全校生徒が集まり、『3・1節の歌』を歌うのは小学生にとって、「年中行事」のようなものだった。この「公式行事」に向け、教師は、これらの歌を学生に教えなければならず、学生はこれらの歌を暗記しなければならなかった。だが、正直に言えば、これらの歌は固い曲調の歌なので、「歌わせられている感」が強かったように思う。

韓国社会においても近年では、日本は、世界が注目する電子、機械、文化、経済大国であり、国際社会に広く貢献している国である、という肯定的なイメージも徐々に広がりつつある。だが、毎年3月1日、および、8月15日前後になると、このような歌を歌わせることによって、日本に対する悪いイメージは、絶え間なく喚起され続けるのだ。

歴史的内容に関わる歌

音楽教育の役割は、『3・1節の歌』や『光復節の歌』の反復学習による、「潜在意識」の育成だけではない。もう一つ、別の役割を担っている歌を紹介する。小学校で学ぶ歴史的人物、事件等を題材にした歌である。

例えば、私が小学生であった80年代には、音楽の時間、高麗時代末期に倭寇《ウェグ》を退けたことで有名な『崔瑩《チェヨン》将軍』の歌や壬辰倭乱《イムジンウェラン》（日本名：文禄・慶長の役）のときに日本を退けたことで有名な『李舜臣《イスンシン》将軍』の歌などがあった。これらの歌の中では、日本の姿はもう少し具体化した「悪」として登場する。

「我が民族、我が国を立て直そうと　南から来る倭敵を打ち破り
北から来る蛮夷を打ち破り　素晴らしいその名は崔瑩将軍」

（『崔瑩将軍』より）

「この山河に侵入する倭敵どもに　亀甲船で立ちはだかり　打ち破り
我が民族を救ってくださった李瞬臣将軍」

（『李瞬臣将軍』より）

ここに示したのは歌詞の一部であるが、「日本」は典型的な「侵略者」として描写されている。「国家記念日の儀式曲」として紹介した歌よりも明確に、日本に対する敵意を意識させる歌である。

これらの歌は、２０１９年現在の教科書には載せられていないが、私と同世代、すなわち、80年代に小学生であった、現在働き盛りの中年世代のほとんどは、これらの歌を学び、歌って育ったのだ。

現在も教科書に載っている「反日」的性格の歌といえば、『柳寛順《ユガンスン》』と『鴨緑江《アムノックカン》行進曲』の2曲が挙げられる。小学校3年生で習う『柳寛順』の歌詞の内容を紹介しよう。

『柳寛順』

3月の空を　静かに見上げ
柳寛順姉さんのことを思います
獄中に閉じ込められながらも万歳を叫ぶ
青い空を想いながら　息絶えたそうです

3月の空を　静かに見上げ
柳寛順姉さんを呼んでみます
今でも　その声が聞こえるようで
青い空を見上げ　呼んでみます

（姜小泉《カンソチョン》作詞／羅運榮《ナウニョン》作曲）

柳寛順は1919年に起きた3・1運動で逮捕され、獄死した10代の女学生で、韓国では「ジャンヌダルク」のような存在として英雄視されている「愛国少女」である。歌詞だけをみれば、ただ、若くして死んだ彼女を追慕する内容で、日本に対する「反感」を露骨に表しているものではない。「日本」という文字も、「敵」という文字も登場しないのだから。しかし、この曲は他の科目と「連動」することで、この歌詞に書かれた以上の効果を発揮する。参考までに、私が小学校4年生のとき、柳寛順について学んだ内容を紹介する。

> 幼い身で、惨忍な拷問を受け、ひどく衰弱した柳寛順は、最後まで抵抗し、1920年、17歳の花盛りの年ごろにこの世から去った。凶悪な日本は、柳寛順をむごたらしく殺したが、彼女の国を愛する心は殺すことができなかった。
>
> (『国民学校　国語　4―1』1985)

そして、これに関する記述は、現在もさほど変わっていない。

柳寛順は日本憲兵につかまり連れていかれた。日本憲兵隊に酷い拷問を受けた後、裁判を受けた。柳寛順は裁判を受ける時、少しも怯えたりせず、堂々としていた。3年の刑が下され、監獄に閉じ込められた。しかし、我が国を独立させなければならないという柳寛順の強い信念は誰も曲げることができなかった。

（『初等学校　国語　5―1』2011）

右記の教科書記述は、韓国社会の「常識」として確立してしまった内容だ（彼女が拷問を受けたという根拠はないのにも関わらず）。

音楽の教科書と歌だけを見れば、「犠牲者の追慕」に過ぎない歌だが、教師は歌を指導しながら、歌の背景として、他の科目で学んだ知識との連動を図る。そして学生たちは「歌詞」だけでは知ることのできなかった「間違った知識」（＝日本による拷問）を身に付けるのである。

私が「反日」的性格を持つ歌だと指摘したいもう一つの曲、『鴨緑江行進曲』を見てみよう。

『鴨緑江《アムノックカン》行進曲』

我らは韓国独立軍　祖国を求める勇者として
行け　行け　鴨緑江を越え　白頭山を越えて行こう
我らは韓国光復軍　悪魔の仇敵　打ち破れ
行け　行け　鴨緑江を越え　白頭山を越えて行こう

真珠の我が国が地獄となり　皆が塗炭の苦しみを味わっている
同胞は待っている　いざ行かん　故郷へ
灯台の下で泣く兄弟がいる　仇敵に踏まれた花がある
同胞は待っている　いざ行かん　故郷へ

（朴英晩《パクヨンバン》作詞／韓亨錫《ハンヒョンソク》作曲）

この歌は2004年、『親日人名辞典』の製作のための募金運動を行った際、国民による募金金額が5億ウォンに達したのを記念して、民族問題研究所が主催したパーティーで歌われた歌であり、民族問題研究所が普及に努めた歌だ。この歌は、この時まで、すなわち２００４年までは、すっかり忘れ去られた歌だったのだが、「親日派批判」の流行とともに、突然復活し、教科書に載せられるまでに至った。

日本統治期、独立軍の軍歌として歌われていたとされるこの歌の歌詞は、『３・１節の歌』のような「国家記念日の儀式曲」や、『崔瑩将軍』『李舜臣将軍』『柳寛順』のような人物の歌よりも、はるかに露骨で、過激だ。歌詞の中に登場する「独立軍」「光復軍」の敵は、当然「日本」以外にはありえない。すなわち、この歌を解釈すると「悪魔の仇敵＝日本」「地獄＝日本統治期の朝鮮」「仇敵に踏まれた花＝日本に統治される朝鮮の地」である。

小学生の教科書に載せるには、間違いなく不適切だと思われるほど、過激な語彙が含まれた歌である。だが、「抗日＝絶対善」と受け入れられる韓国、そして、「親日派狩り」の嵐が吹き荒れていた盧《ノ》武鉉《ムヒョン》政権（２００３〜２００８）下で、瞬く間に教科書に採用された（２００５年から掲載）。小学校教育において、このような過激な表現や語彙を使用する教科書は、世界中の国を探し回っても見当たらないのではないだろうか（北朝鮮を除けば、であるが）。

ここまでに見てきた韓国の『音楽の教科書』における注目ポイントは、「儀式において使われる歌」を教える課程があり、学生たちはそれを、毎年、繰り返して歌うということ、そして、反日的内容の歌が存在し、歌詞の内容が過激だったとしても、何の措置も取られないままに、教科書に収録されるということだ。

ところで、韓国の『音楽の教科書』には、私が小学校を卒業してから現在までの約30年の間に、もう一つ、注目すべき変化が起こっている。それは、「教科書から消えていった歌」が存在し、それらには、共通点があるということだ。すなわち「親日派が作った歌」という共通点が。

21世紀に起こった親日派排斥運動

洪蘭坡《ホンナンパ》（1897～1941）という作曲家がいた。ソウル南部の京畿道華城というところで生まれ、日本、アメリカへ留学し、西洋の学問と音楽を学んだ作曲家であり、また、バイオリニストでもあった。韓国のシューベルトと呼ばれる彼が残した曲は100曲を超え、韓国近代音楽史の中でも卓越した存在だ。日本統治期の朝鮮でも広い人気を集めた彼の曲は、朝鮮人たちに、長い間、愛されていた。

洪蘭坡が作った曲の中で最も有名な歌は『鳳仙花（봉선화《ボンソンファ》）』と『故郷の春（고향의《コヒャンエ》 봄《ボム》）』である。一輪の花が塀の下でひっそりと咲いている姿を表現した『鳳仙花』は、日本統治期の朝鮮人たちの哀愁を呼び覚ましたのか、１９４０年ごろから絶大な人気を博していた。

もう一つの名曲、『故郷の春』は、故郷を懐かしむ心を表現した歌で、韓国人なら誰でも知っている、まさに「国民歌謡」ともいうべき歌だ。現在でも、故郷から離れて暮らしているとき、あるいは外国に行ったときに、この歌を聞いて目頭を熱くする韓国人は少なくないだろう。それほどまでに韓国人の胸の中に染み付いている、まさに「故郷」のような歌である。

この2曲の他にも韓国人に愛されていた曲は多い。このように韓国人たちに愛されていた曲であるから、小、中、高校の教科書においても、様々な曲が紹介されていた。もちろん私も小中学校時代を通して、洪蘭坡の歌を歌いながら育った。

１９８０年の中学校の音楽の教科書を確認したところ、中学校3年間の音楽の教科書に紹介されている洪蘭坡の曲は全10曲であった。国定教科書であり、韓国における唯一の音楽教科書ではあったが、学校により、教師により、曲を選択して教えたので

10曲をすべて学ぶというわけではない。とはいえ特定の個人が作った歌が、10曲も教科書に載っているということは、外国人が見れば驚くべきことではないだろうか。洪蘭坡がそれだけ近代韓国の音楽界において、卓越した存在だったという証である。

ところが、このような韓国の「音楽教育」の状況に変化が起こる。10曲もあった洪蘭坡の曲が教科書から消えたのだ。バランスを取るために、より多様な曲を載せるために、同一の作曲家が作った曲は減らそうという趣旨であればそれは理解できる。しかし、この変化はあまりにも急激なものだった。2000年代に入ってから始まった「親日派狩り」がこの変化をもたらしたのである。

「親日派」の歌は教科書から消してしまえ！

洪蘭坡は、アメリカ留学時、抗日独立運動団体員である興士團《フンサダン》に加入し活動していたが、朝鮮に帰国後、逮捕され「転向」した。そしてその後は、朝鮮総督府政策へ協力するようになった、という経歴の人物である。

金大中が政権を執っていた2002年4月、与党である民主党の議員金希宣《キムヒソン》は、国会で「教科書に親日、反民族行為をした者の文章が載っていたり、親日行為が不適切に記述されているのを是正しなければならない」と訴え、既存の教科書の記述に問題があるとした。この発言に前後して、韓国のいくつかの教科書において、「親日派狩り」が始まったのだ。音楽という科目においては、韓国人に最も愛されていた歌の中から『故郷の春』が小学校の教科書から削除された。

魔女狩りでもしているかのような、この突然の変化に危機感を抱いた韓国のある大学教授は、親日派論戦の矛先が音楽にまで向けられたことを批判し、「情緒[※2]というものは、国が出てきてああしろ、こうしろと指図するような性質のものではない」と、教科書に再度収録することを訴えた。

意図的な「改編」が行われたのだ。以下の引用は、『親日人名辞典』の編纂委員会の副委員長として活動した中央大学の教授魯棟銀《ノドンウン》が、２００５年11月４日、ＣＢＳラジオに出演した際の発言である。

「日帝強占期《イルジェカンジョンギ》に親日音楽家たちは、口先では純粋な音楽活動をすると言っておきながら、親日活動をしていた。それは政治的な活動だ。終戦後にも、左翼だ右翼だなどと言うのはやめようと、自ら言っておきながら、自由党などへ加入し、政治活動をしながら反対派を抑圧してきた。現在、音楽界では『親日人名辞典』などにより、彼らの親日行為を証明しつつあり、教科書から親日音楽家の作品を排除する運動を行っている」

彼は音楽界で親日派の作品を排除する運動が行われていることを明言したのだ（ここでいう自由党は保守右派の政党であり、抑圧された反対派とは韓国の左派を指す）。

飛躍と言われるかもしれないが、政治的イデオロギーや歴史観とは別次元であるはずの「美に対する感性」や「情緒」までもを、「作者が親日派」という名目のもとに廃棄処分するという行為は、過去にアフガニスタンの大部分を実効支配したタリバンを連想させる。

タリバンは6世紀に作られた文化遺産であり、人類の貴重な財産でもある仏像に、

年度（出版元）	学年	代表曲	収録曲数	合計
1980年（国定教科書）	1年生	故郷を想う（고향생각）、子守歌（자장가）等	3曲	10曲
	2年生	春の乙女（봄처녀）、雲（구름）、長安寺（장안사）等	4曲	
	3年生	成佛寺の夜（성불사의 밤）、鳳仙花（봉숭아）等	3曲	

⇩

年度（出版元）	学年	代表曲	収録曲数	合計
2012年（ソンアンダン）	1年生	なし	なし	0曲
	2年生			
	3年生			
2012年（ミレエン）	1年生	なし	なし	1曲
	2年生	船頭の歌（사공의 노래）	1曲	
	3年生	なし	なし	

中学校の教科書に掲載された洪蘭坡の曲数比較

「1500年後の」現在の基準で、「偶像」というレッテルを貼りつけ、爆破するという凶行に及んだ。これについては世界各国から野蛮な行為だと、懸念の声が上がった。

韓国の日本に対するアレルギー反応をみていると、タリバンを連想してしまうことが少なくない。過去には批判対象でなかった問題、人物に対しても、突然作られた「親日基準」による宗教裁判ならぬ「親日裁判」が始まってしまうのだ。

韓国の国宝1号文化財の復元に使われている接着剤が日本製だとして、「国宝1号の意味が損なわれる可能性があり、国民の自尊心にも影響を与えるもの」として非難する国会議員がいたかと思えば、史跡にある木が日本品種だから抜いてしまわなければならない、と主張する市民団体がいたりと、このような例は枚挙にいとまがない。

このような、幼稚な主張をする人がいること自体も残念だが、これらの主張を、誰一人批判することなく、無条件に記事にして広めてしまうマスコミを見るたび、ため息がでてしまう。

「音楽」関連では、洪蘭坡以外にも、数多くの童謡を作曲した尹克榮《ユングギョン》（1903～1988）も、親日派排斥の洗礼を受けた。尹克榮は1940年代、満州で五族協和会《オジョキョパヘ》に参加し、活動したという理由で「親日派」のレッテルを貼られている。

五族協和会とは、大日本帝国が満州国を建国したときの理念である五族、すなわち日本人・漢人・朝鮮人・満州人・蒙古人による協和を主張した団体で、現代韓国の価値観を持って判断するのであれば、ここに参加、活動するということはすなわち、反民族行為であるというわけである。

東京音楽学校で学び、新しいスタイルの音楽を習得した尹克榮は、「国民童謡」に数えられる『半月（반달《バンダル》）』を作曲した人である。

この歌は多くの朝鮮人に愛されただけでなく、中国でも『小白船』というタイトルで知れわたっているほどに、有名な歌だ。

『半月』は、歌を歌いながら互いに相手の手を打ち合う遊び、「せっせっせ」の韓国版である「セセセ」をするときに歌われていた歌でもあり、韓国の30、40代の人であれば、子どものころ、この歌を歌って遊んだことのない人はいない、といっても過言ではない。それが、2000年代以降に作られた「親日派」基準のために、現在では親日派が作った歌という烙印を押されてしまった。子どものころ、この歌が大好きで毎日のように歌って遊んでいた私は、30年以上経った今になって唐突に、「親日派の歌を歌って遊んでいた世代」になってしまった（だが、私たちの世代は皆、親日派の誇りを受けなければならないのだろうか？）。

北朝鮮の評価「洪蘭坡は愛国心が強い、良心的な音楽家」

ところで、北朝鮮での洪蘭坡や尹克榮の評価を見てみると、北朝鮮では、この2人を今なお高く評価している。悲しみに陥っている朝鮮人たちの心情を音楽で表現し、多くの癒しを与えた「人民の側に立った良心的な音楽家」として表現しているのだ。

亡国の悲運を嘆いている人民たちの悲痛な感情は、この時期、社会的な現象になっており、このような現実こそが、哀歌的な芸術歌謡を産みだす重要な背景となった。芸術歌謡で代表的なものとして、洪蘭坡（1898~1941）の『鳳仙花』（1920）が挙げられる。歌は、日帝植民地統治下ですべてが無残に踏み潰され、光を失っている祖国の暗たんたる現実と、私たちの人民の悲惨な境地、「うららかな春風に」はもう一度生まれ変わるように、祖国が解放されることを熱烈に望む人民たちの感情を、鳳仙花に例えて切々と表現している。

童謡は、主に洪蘭坡、尹克榮、鄭順哲《ジョンスンチョル》などの良心的な音楽家たちによって創作された。彼らは、いつでも日帝に奪われた祖国と、自民族の運命について考え、ぼろを着て、飢え、蔑視された勤労人民の側に立ち、彼らのやるせない心情と願いを表現しようと努力した。

（『朝鮮音楽史（李朝―近代編）』社会科学出版社／２０１０）

洪蘭坡は生涯の最後まで民族的節操を固守し、音楽の発展のために全力を注ぎ続けた愛国心の強い、良心的な音楽家であった。

尹克榮は、国のない民族の悲しみ、自由と幸福に対する憧憬を、童心にあふれた歌詞と旋律に込め、歌にした。代表的な作品は、彼が作詞、作曲した童謡『半月』である。（中略）

このように尹克榮は子どもたちの心理的特性に合わせ、生活を誠実に生き生きと歌った、多くの童謡を創作した、１９２０年代における童謡曲の創作に大きな役割をした、才能ある音楽家の一人であった。

（『朝鮮音楽名人伝』社会科学出版社／２００４）

実は、このような北朝鮮の評価は、2000年代以前の韓国での評価とほぼ一致する。洪蘭坡や尹克榮のような朝鮮の音楽家たちは、朝鮮民族のことを考え、朝鮮民族のために歌を作り、彼らの歌は南と北を問わず、広く愛されてきた。北朝鮮ではまだその評価が変わらず、韓国が親日派だと断罪する洪蘭坡や尹克榮を、愛国的な音楽家として評価している。これは、現在の韓国が、北朝鮮よりも「親日」に対する基準を、より厳格に適用し始めていることを示している、ともいえるだろう。

親日作家排除運動の無念

教科書から親日派の作品を排除しなければならないと主張していた自称独立運動家の娘、金希宣《キムヒソン》議員は、後日、逆に苦しめられるようになる。雑誌『月刊朝鮮』が、彼女の父親の業績を調査しようとして、明らかになったことであるが、彼女の父親は満州の柳河警察署の特務警察として勤務し、抗日独立軍を捕まえることが主な任務だったと暴露したのだ。さらに、現在も中国の現地に残っている朝鮮人で当時の事情を知っている証言者たちは、「金議員の父は特務警察で、我々の敵であり仇」[※3]と証言している。

また、金議員は自分の父親が独立運動をしていた証拠として、ソ連ベルホヤンスク刑務所から送ってきたはがきを提示していたのだが、これが、その主張とは逆に、彼が親日派だった決定的証拠となってしまった。『月刊朝鮮』は「ソ連軍が終戦直前、柳河地域に入ってきて、日本軍と日本軍の手先を全て逮捕し、送った先がベルホヤンスクだ」という証言までも入手していたのだ。

金議員はこの報道が捏造されたものだと反発したが、世論は彼女から離れ、国民の多くは彼女の「親日派狩り」が政治的なものだったと評価した。

教科書上の親日派狩り「パフォーマンス」は、思わぬ形で幕を下ろした。しかし、作者が「親日派」であると烙印を押され、教科書から消されてしまった多くの作品は再び教科書に載せられることのないまま、今に至っている。このまま時間が流れたら、韓国はいずれ忘れられた洪蘭坡や尹克榮の歌を聞くために、北朝鮮から歌を輸入しなければならなくなるかもしれない。

※1：『初等学校3〜6学年　音楽の教科書基準』天才教育／2013年
※2：「週間東亜」468号／2005年1月11日
※3：「月刊朝鮮」6月号／2005年

第6章　学校の「外」で行われる教育

「教育」は、学校の中だけで行われるものではない。小中高生たちの教育であれば、家庭でも行われるだろうし、個人レッスン等による教育、社会見学、修学旅行など学校の「野外学習」を通しても行われる。家庭で行われる教育は、親の監督下で行われるが、野外学習は教師や学校の管理下で行われるため、正規の教育課程ではないにしろ、学校教育の延長であることには違いない。

学校や教師がどこへ連れて行くか、どのようなことを評価し、学生に要求するかにより、学生の行動も、学習内容も異なってくる。学生たちに絵を描くように指示して野外へ連れて行けば、学生たちは熱心に物事を観察するだろう。学生たちに陶磁器についてのレポートを書かせることを予告し博物館へ連れて行ったなら、学生は陶磁器を中心にメモをとるだろう。運動競技場に連れて行けば学生たちはスポーツの楽しさと充実感を体験するだろう。

そして、このような校外学習は、自分の五感で体験をするものであるから、机に座って一方的な説明を聞くだけの教育よりも、強く印象に残るだろう。

「校外学習」にもいろいろな種類がある。そして、韓国で行われている「野外教育」は日本と関連がある内容が少なくなく、またそれらは学生たちに強烈なインパクトを与えるのに十分な内容である。本章では、それらの例を見てみよう。

「西大門刑務所」恐怖が尊敬や感謝、そして憎悪に変わる狂ったメカニズム

人口1000万人を誇る首都、ソウル市内に位置しており、人気のある「見学コース」のひとつに、西大門《ソデムン》刑務所が挙げられる。西大門刑務所は1908年に建てられた、朝鮮最初の近代式刑務所で、日本統治期の朝鮮、そして終戦後の韓国における代表的な刑務所だった。施設の老朽化により1987年に閉鎖された後は、歴史館に改造され、青少年たちの「現場体験」の場として利用されている。

歴史博物館としてリニューアルされたこの場所は、小学校から高校までの団体見学の場所として利用されているだけでなく、休日には両親に手をひかれ訪れる場所でもある。ここにあるのは、過去の監房、受刑者たちが使っていた食器、衣類などの展示コーナー、受刑者たちに行われたという拷問器具体験コーナーなどである。

「刑務所」の中では、ひどい拷問を受けたり、鞭で打たれ悲鳴を上げる朝鮮人の姿、そして鞭や棒を持ち朝鮮人を虐待する日本警察の姿が、等身大のマネキンでリアルに再現されている。さらに、以前は絞首台体験コースまで用意されていたのである。

ここでの体験は間違いなく、お化け屋敷も顔負けの恐怖である。仮に、このノリで映画製作でもしようものなら、韓国以外の国では、おそらく子ども観覧可能等級と認めてはもらえないだろう。人間が苦痛と悲鳴に呻く姿を見て、いったいどんな肯定的な学習効果を得ることができるというのだろうか？　子どもは自分が飼っていた鳥やペットが怪我をしたり死んだとしても、大きな衝撃を受ける精神的に弱い状態の存在である。このような子どもたちに人間が苦しむ姿を見せ、絞首台に立つ極限の恐怖を疑似体験させるなどという行為は、サディストでもなければ到底できないだろう（さすがに「残酷すぎる」という意見が多かったため、２０１０年のリニューアルに伴い、絞首刑体験コースが無くなるなどかなりの部分が改修された）。

以前の西大門刑務所を訪問した小学生の感想文１３８点を分析した研究報告書[※1]によると、子どもたちがここを訪れ、感じた最も強い感情は「苦痛」「恐怖」「残酷さ」だったという。子どもたちの感想文の一部を紹介しよう。

「赤レンガに血が染みついているようだった。そこにあるトイレに行くのも嫌だった。地下室での拷問が苦しそうだった」

「(絞首台で) 死ぬのを体験する人に私が選ばれたとき、面白いというより怖かった。じっと椅子に座っていると、突然椅子がゴトンッと、落ちていった。椅子が少し下がるだけでも怖いのに、首に縄を結び椅子が完全に落ちるなんて、私たちの国の人々はどんなに怖かったのだろうかと思った」

「烈士たちが拷問された映像を見た。爪と指の間を刺すのとか、電気椅子に座らせるのとか、狭い箱に閉じ込める拷問を見て私は恐怖を感じた」

おそらく教育心理学者や精神科医がこういった感想文を見たならば、子どもたちを気遣うだろう。精神的ショックは、トラウマとなり子どもたちの将来にも、大きな影響を及ぼす可能性があるからである。しかし、韓国の子どもたちは、私が考えるよりはるかにたくましいようだ。

子どもたちはこの恐ろしい場面を見て恐怖を感じるだけではなく、「こんな拷問にも屈しない烈士たちは本当にすごい」と感じ、それを尊敬の気持ちに変えているのである。さらに、痛みと恐怖が増すにつれ学生たちは、これに耐え抜いた昔の人々をより誇らしく思い、尊敬するようになるらしい。

「日本の人々は残忍なようだ。私たちの国の人々が、どんなに悔しく、かわいそうな状態だったかと考えた。私は、拷問されたその時代に生まれなかったことを本当にありがたく思う。そして我が国を守ろうと、あんなに大変な拷問を受けた人々をとても尊敬する」

「拷問は本当に恐ろしい。西大門刑務所へ行った後、私は拷問が怖くなった。私が昔の時代の人ではなくて、よかったと思う。もし私が昔の時代の人だったら、拷問を受けたかもしれないからだ。私は拷問の中で耳を切るのが、一番、気味が悪くて、怖いと思う。でも、あんなのに耐え、平和をもたらしてくれた祖先を誇りに思う」

「私たちの先祖たちは、私たちの国のために命を捧げた。あんなに陰湿な所で拷問を受けるなんて、どんなに恐ろしく、辛かっただろう？　私たちの先祖たちがあれをしたから、我が国がここまで来ることができたんだと思う。私たちの先祖たちに、たくさん感謝しなければいけない」

恐怖を自ら克服し、尊敬と感謝をすることができる子どもたちの精神力は高く評価せざるを得ない。しかし、だからといって、この教育に「副作用」がない、というわけでもない。

教師や親は、「見学」という美名のもとに、子どもたちを刑務所へ連れて行き、展示を見せながら、新しい記憶やイメージが、しっかりと「入力」されるよう手助けをする。だが、残念なことに彼らは、それがどんなふうに外部に「出力」あるいは「発散」されるのか、という点については、さほど関心を抱かず、注意も払わない。

なぜ、このように言い切れるかというと、おそらく、教師や親が、この学習の副作用について関心を持ち、注視していれば、こういった学習を続けることについて賛成できるわけがないからである。学生たちは歴史博物館で祖先の苦難を目の当たりにし、尊敬と感謝の気持ちを抱くかもしれないが、それが消化され外部に再び現れる時には、隠れていた恐ろしい「副作用」を伴っているということだ。それは「憎悪の暴走」である。

「憎悪」を生み出すことを「教育」と呼べるか

前述の研究によると、西大門刑務所で残忍な歴史的場面を「体験」し、先祖たちに対する尊敬と感謝の念を抱くようになった学生たちが、その後に持つようになる感情は、次の3つであるという。

①西大門刑務所をなくしてしまえばいいと考える、つまり、残酷さの象徴としてその場所を認識し、それをなくすことで、その記憶を消したいという感情
②強い祖国を作り、弱小国であるがゆえに体験することになった悲劇的歴史が繰り返されないようにするべきだという感情
③日本に勝たなければならない、日本に復讐しなければならないという感情

これらの3つの感情の中で最も多いのは、日本に勝って復讐しなければならないと

いう、「憎悪」の感情だという。その例を見てみよう。

「日本人は絶対に許せない。柳寛順など多くの人々に本当に感謝する。彼らが今まで生きていたらいいのに……日本人は良心がとがめることもないようで、今も、独島が自分たちのものだとか言って、本当はそうしてはいけないのだけど、同じ目に遭わせてやりたい」

「西大門刑務所に行ってきて、愛国者たちが命を捧げ、国を生かすために拷問を受け、死刑を受けることになったのを恨めしく思った。拷問などを、日本は自ら受けてみなければならないと思うし、奴らが私たちの苦しみがどれだけのものか、経験するべきだ。大人になったら、百万の大軍を率いて攻めて行き、愛国者たちの苦痛を味わわせてこようと思う。そして独島を欲しがったりしないよう、懲らしめてやらなければならない」

「裁判をする人が皆日本人だから、無条件死刑だ。あれもこれも卑怯なやり方だ。

ハンセン病患者も死んでいようが、そうでなかろうが、そのままにして殴って、残酷だ。日本はなくしてしまわなければならない島だ」
「日本から苦しめられても、独立しようとしたことが誇らしい。そして、私は日本の漫画を読んでいたけど、日本の漫画はもう読まない。私は私たちの国の人々の苦しみを知らずに、日本の真似をしてきたようだ。これからは日本を敵として、対峙して生きなければならない」

今まで楽しんでいた日本の漫画を読まないことを宣言した、「小さな愛国者」の気概には脱帽だが、「同じ目に遭わせてやりたい」「攻めて行き、苦痛を味わわせてこよう」「日本を敵として、対峙して生きなければならない」などと、子どもたちに憎悪を抱かせるようにすることが、果たして望ましい「体験学習」の効果と言えるだろうか？　これが「教育」と言えるだろうか？　憎悪を育てるのは教育ではない。それはファシズム的な洗脳に過ぎない。

東日本大震災の後、２０１１年韓国で行われたサッカーのアジア・チャンピオンズリーグ（ＡＣＬ）で「日本の大地震をお祝いします」という横断幕が登場したり、韓国No.２の全国紙中央日報が社説で広島・長崎への原子爆弾投下を「神の懲罰」と書いたりして問題になったことがある。ニュースでその話を聞いた日本人の多くが、度を越えた発言だと驚いたのではないだろうか。

しかし、それらは、幼少期から日本への憎悪心を植え付けられてきた子どもたちが、そのまま大人になり、行動しただけだ。おそらく、成長過程において、日本に対する肯定的なイメージを持つ機会に恵まれないままに大人になったというだけの、ごく普通の韓国人かもしれない。

過去には、戦時下において、敵国に対する憎悪心を育てるような教育があった。しかし、冷戦時代が終わった現在、こういった教育を推進する文明国が、果たしてどこにあるだろうか？　少なくとも私の知る限り、隣国に対する憎悪を煽る国は北朝鮮くらいしか頭に浮かばない。

経済発展を遂げ、先進国入りを見据えているはずの韓国が、教育においては、なぜこのように時代錯誤なありさまなのか、本当に残念である。

繰り返しになるが、２０１０年のリニューアルにより、２０１３年現在、この残忍な展示物はほとんど姿を消し、かなり浄化されている。ようやく、という感じではあるが、全く幸いである。リニューアルされるまでの長い期間に、西大門刑務所歴史館を経験してしまった子どもたちが決して少なくないということは悲劇であるにしても。

知られざるもう一つの「監獄物語」

西大門刑務所は、韓国における「独立運動の聖地」となっている。聖地と呼ばれるためには神聖さを備えていなければならない。神聖さを備えるために必要なものといえば、死と苦痛、すなわち殉教と弾圧だ。そうだとすれば、ここが「地獄」のように描写されるのは必然なのかもしれない。

ところで、西大門刑務所が建てられる前の、朝鮮の刑務所はどんなところだったのだろうか？　18世紀の思想家であり、現在も尊敬される実学者である[注1]丁若鏞《ジョンヤギョン》は、『牧民心書《モンミンシムソ》』という著書の中で朝鮮時代の監獄を「この世の地獄だ」と表現した。『牧民心書』によると、朝鮮の監獄における苦痛は以下の5つである。首枷の苦痛、討索（独房の中で起こる暴力、虐待）の苦痛、病気の苦痛、飢えと寒さの苦痛、長く閉じ込められていることの苦痛。そして、この5つから千万種類の苦痛が派生すると指摘した。

（注1）実学：17世紀後半から起きた実用重視の改革的な儒教の学風

丁若鏞の描写は、1878年、朝鮮末期に宣教師として朝鮮を訪れ、5ヶ月にわたり朝鮮の刑務所に収監されていたフランス人神父、リデル（1830～1884）の記録と、ほぼ一致する。19世紀末、朝鮮では、カトリックが弾圧を受け、多くの宣教師、そして朝鮮人信徒が処刑された。リデルは運良く、命を落とすことなく、朝鮮を離れることができたが、彼の残した記録の中に登場する朝鮮の刑務所は確かに「この世の地獄」そのものであった。

「中でも泥棒たちの境遇は、最も悲惨だった。30人くらいいたが、昼も夜も足には足枷が嵌められているために、みんな病気にかかった状態だった。疥癬が全身に広がって傷口が腐っていっていた。彼らは餓えに苦しんでおり、骨と皮だけが残ったような状態で、何人かは骨に皮を着せておいたとしか思われないような状態だった」

「彼らは眠ることすらも禁止されていた。夜中、獄卒たちが太い棒を手に彼らを監視しており、もし眠気と疲労に陥って誰かが居眠りでもしようものなら、すぐに棒で背中と脚、頭を殴りつけ、彼らの目を覚まさせる。そうしているうちに不幸な囚人たちの命が失われてしまうこともしょっちゅうだ」

「泥棒囚人の一人が死ねば、彼が病死したと報告し、死んだ囚人を霊安室に片付けておく。そうすれば、翌日の夜にゴミ担当者が死体を運び、城郭の外にある森の中に放り出す」

「囚人たちは、夏だろうが冬だろうが、ほぼ裸であった」

「彼らの主食といえば、小さな茶碗に何の味付けもされていないご飯をよそい、朝と夕方に食べるのが全てである。そうして、最初に入ってくるときは、丈夫で健康だった人も20日も過ぎれば、骨と皮がくっつくほどに痩せ細る」

（『私のソウル監獄生活1878』フェリックス・クレール・リデル／サルリム出版社／2008）

丁若鏞が伝えたとおりの状況であることが分かるのだが、これは、外部の人であるフランス人が直接経験したことを残した記録である点でも価値がある。衛生面、施設面、待遇面の描写だけでも十分に当時の悲惨な状況を窺い知ることができるのだが、リデルが目撃した中でも最も恐ろしかったのは、死刑執行人である「首切り役人《マンナニ》」が、収監者に対して加える虐待と恐怖だった、という。

一度、ある信者が高熱に苦しんでいたために、水をくれと求めたことがあった。すると彼ら（刑吏）は、「そうか、我々が水を与えてやろう！」といって、鉄の棘のついた棍棒で彼の胸を死ぬほど殴りつけた。そのせいで、結局、そのかわいそうな信者は、２時間後に息を引き取ってしまった。補卒は彼が病死したと報告し、死体は荷車に載せられて城郭の外に捨てられただけで、誰も、彼がどのように死んだのか、確認してみようとしなかった。監獄では囚人の死亡原因について確認する方法が全くなく、獄卒たちはこのように殺人を犯しても処罰されない、という保証だけを受けていた。彼らよりも卑しく、邪悪で、悪質な人々を見つけることは難しいように思われるが、そういう人々がここにいた！　まさに賎民雇用員、あるいは、正確な名称で言えば「首切り役人」がそうだ。彼らは嫌悪感を引き起こすような容貌、怪物のような体形で、彼らの姿を見るだけで心が痛かった。彼らは受刑者を殴り、生き血を抜き、手足を折りながら受刑者たちの悲鳴を弄び、受刑者たちに下品な冗談を浴びせる。血の匂いが漂ってきそうな彼らが刑務所に現れると、それが、すなわち拷問や刑の執行の予告であると、受刑者たちは恐怖に襲われ、途方に暮れた。人間があそこまで堕落し得、悪であり、残酷であり狡猾で有り得るか？

（『私のソウル監獄生活1878』フェリックス・クレール・リデル／サルリム出版社／2008）

リデルの記録に描写されている朝鮮の監獄は、人権などというものは、とうてい見い出すことのできない、残酷さと恐怖だけで満ちた空間だ。だが、韓国においては、このような朝鮮の姿は絶対に子どもたちに教えたりしない。

韓国の正規教育を受けた人ならば、丁若鏞《ジョンヤギョン》の名前を知らない人はいないというくらいに、韓国では著名な人物であるが、彼がどんな主張をし、朝鮮がどんな社会だったと記録しているのかということを知っている人はほとんどいない。中学校の歴史教科書を見ても、農業や生産についての彼の主張が短く紹介してあるだけで、彼が心配し、批判していた朝鮮社会の姿については、全く紹介されていない。「後ろめたい過去」は、教育課程からきれいさっぱり排除しているのだ。

「歴史を忘れた民族に未来はない」という言葉は、サッカー日韓戦で韓国のサポーターが横断幕を掲げたことで、日本でも一躍有名になった言葉だが、それは言葉を換えれば、自らの歴史を顧みて反省することは、悲劇を繰り返さないための重要な課程である、ということである。だが、非常に残念なことに、韓国は、自らを省みることが、あまり得意ではないらしい。韓国人自身が、もう一度、あの横断幕の意味を噛みしめなければならないのではないか。

ところで、リデルが地獄と描写した朝鮮の監獄は、日韓合併によってどのように変わったか？　西大門刑務所の展示物が伝えるように、拷問と虐待の行われる恐怖空間だったのだろうか？　日本統治期の監獄についても、第三者の目で観察、記録した資料がある。

米国の行政家であったアレン・アイルランド（Alleyne Ireland）が、１９００年代初めに多様な資料を検証し、作成した、日本の朝鮮統治についての報告書である。1926年に出版されたこの報告書、"The New Korea"（『新しい韓国』）には、日本統治下の刑務所が、それ以前の時代に比べ、大幅に改善されたと記載されている。

「旧韓国政府の刑務所は、多くの東洋の国々の監獄と同様に、説明するのが困難なほどひどかった。衛生設備が不足し、受刑者への極端な虐待は一般的なことであり、超満員の状態は、まったく信じられないほどだった。日本が韓国から刑務所行政を引き受けたときの受刑者1人当たりの平均坪数は5平方フィート（約0・46メートル）未満であった」

「毎年監獄が増え、条件が改善された結果、少なくとも大型化された刑務所は、他の国の刑務所に匹敵するものであり、米国内の多くの刑務所よりもはるかに良い状態だった」

（『新しい韓国』アレン・アイルランド／E・P・ダットン&カンパニー／1926）

アレンは、日本統治期の刑務所を米国の刑務所よりも良い状態だと述べている。実際、日本統治期には前科10犯の70代の老人が、空腹のあまり[※2]「残り少ない食欲と白髪のために、刑務所に送ってくれ……むしろ刑務所の方が天国のようだ」といってわざと罪を犯し、刑務所に入ったケースもあった。

評価できる姿は隠し、否定すべき姿を強調する「歴史観」

１９８０年代になって、西大門刑務所歴史館という名前でリニューアルされたこの施設では、多くの歴史情報に接することができる。先日、実際に現地を訪問してみて、私は愕然とした。歴史を教えるために作られたはずのこの施設では、非常に巧みに、来場者たちをミスリードするような方法で、歴史を伝えているのだ。

例えば、獄舎の中に、短い動画を視聴することができるコーナーがあった。西大門刑務所の歴史と日帝時代の刑務所内の様子を紹介する動画である。訪問者はボタンを選んで押すだけで、英語、日本語などの字幕付きで鑑賞することができる。そこには西大門刑務所で３年間収監生活をしていた韓国の有名な独立運動家「金九《キムグ》」の証言が含まれていた。左記は金九の証言に添えられていた日本語字幕からの引用である。

西大門監獄に収監され、仁川監獄に移監された金九は当時の労役の苦痛をこのように証言した。
「朝夕、鎖で腰を繋がれ築港工事現場を行き来する。わずか半日で肩が腫れ、背中に腫れ物ができ、足も腫れて身動きができなくなる。しかし、免れる道はない」
（西大門の映像資料に表示される日本語字幕）

まず、「西大門監獄に収監され、仁川監獄に移監された金九」と、短く彼のことを紹介している。わざとそうしたのか、偶然にそうなってしまったのかはわからないが、この一文からは、以下の引用が、西大門刑務所の話なのか、仁川刑務所の話なのか、はっきりとは伝わってこないだろう。観客はどちらの刑務所の話だと判断するだろうか？

引用されている金九の証言は、彼の自叙伝『白凡日誌《ベクボミルジ》』に登場する一文なのだが、西大門刑務所でこれを見た観客は、西大門刑務所の生活が、あるいは、二つの監獄生活が、過酷な労働に苦しめられる生活だったと想像するのではないだろうか。

答えから話すと、右記の証言は「仁川監獄」（仁川刑務所）についての証言だ。これは、引用元である『白凡日誌』を読めば明記してある。

それでは、実際のところ、金九は「西大門刑務所」について、どのように評価していたのだろうか？　金九は先に挙げた自叙伝の中で、西大門刑務所での生活についても記録し、しっかりと感想を述べている。

なぜ西大門刑務所歴史館では、西大門刑務所を紹介するはずの動画で、西大門刑務所についての金九の評価は省略して、仁川刑務所の話だけを、しかも、西大門刑務所の話だと誤解しかねないような方法で、紹介しているのだろうか？

それはおそらく金九の証言が、韓国社会の立場から見れば、不都合な事実だったからではないだろうか。驚くことに金九は、多くの労役が課される仁川刑務所に比べ、西大門刑務所を「寝転がって餅を喰う（楽で簡単だということを表現するときによく使われる韓国のことわざ）ようだ」と表現している。歴史館は、このような部分は省略しておいて、辛かった仁川刑務所の話だけを、ちゃっかり紹介しているわけだが、これを客観的な歴史の説明だというのには無理があるのではないだろうか。

さらに邪推を働かせるのであれば、仁川刑務所ではなく、西大門刑務所が特に過酷な環境であったというように、韓国国民に「誤解」させることには、実は重要な意味がある。前述のとおり、ここは「独立運動の聖地」である。聖地の価値を高めるためには、独立運動を行ったがために苦しめられた愛国者たちが、際立って日本人から残忍な扱いを受けたという方が都合がいい。

ところで金九の自叙伝『白凡日誌』に登場する西大門刑務所の様子を見ると、食事の質がよくない、量が少ないと酷評をしたりもしている。だが実際のところ金九本人は食事のことで苦労することはなかった。なぜなら、彼は一日に一食あるいは二食、刑務所の食事よりも質の良い「私食」を外部から受け取って食べていたからである。

さらに、金九と一緒に逮捕された仲間の金鴻亮《キムホンニャン》は、刑務所内であるのにもかかわらず、看守たちを買収し、強壮剤を持ち込んで飲んだり、外部の様々な新聞を持ち込んで読むなど、刑務所の外の人から見ても贅沢と思われるような生活をしていた。

韓国で最も尊敬される独立運動家、金九が自叙伝に書き残した西大門刑務所の姿と、西大門刑務所歴史館が紹介している、拷問と悲鳴のあふれる姿とは、あまりにもかけ離れた姿であるが、韓国社会に広く知られているのは恐怖と残酷の記憶だけである。

西大門刑務所で目指した「教育」の目的を疑う

刑務所とは、古今東西を問わず、人間の自由を奪い、権利を制限する「束縛の空間」

である。いくら施設が良く、合理的な制度で運営されていたとしても、良い記憶として残る場所であるわけがない。そして、暴力や人権侵害が起こりやすい場所、ともいえる。

子どもたちに何を教えようとして、教育者たちはこのような見学コースを選んだのだろうか？　あるいは、このような施設を「歴史教育」の場として選択した場合、子どもたちに何を教えるべきだろうか？

例えば、人権意識が薄かった時代の悲劇的な姿を知り、反省すべき点を考え、今、私たちが人権というものをどのように考え、どのように人や犯罪に接していくべきかを考えるのであれば、子どものための教訓になるかもしれない。

話は変わるが、西大門刑務所を「聖地」として祭り上げている集団がもう一つある。それは韓国の左翼運動、反政府運動をしてきた人々である。終戦後、１９８０年代末までに左翼運動と反政府運動をしていた人々は、この西大門刑務所に思想犯として投獄され、中には死刑となった人も一人や二人ではない。ここで苦労をした人々や死刑囚の家族、同志の立場から見ると、この場所は、独裁権力の象徴、憎悪の対象であり、闘争の聖地なのである。

民主化した韓国で、釈放され、社会復帰を果たし、名誉回復に成功した彼らは、軍事政権、及び、その時期に恐怖空間であった西大門刑務所を、人権弾圧の地として非難し始めた。軍事政権に対する彼らの反感は、想像以上に強い。そして、日本統治期の西大門刑務所が、韓国の軍事政権時代のそれよりも、比較的「マシ」だったという、笑えない主張すら聞こえてくるのである。

西大門刑務所に収監されていた社会運動家の中に金南柱《キムナンジュ》という男がいる。彼は、1980年に南朝鮮民族解放戦線準備委員会（武装革命により、韓国政府を転覆しようとしていた組織）を結成し、活動していたところを逮捕され、投獄されていた。彼は、西大門刑務所の中で、筆記具を没収されたことに対し怒り、「どうせなら、私は日本統治下に生まれたかった。ペンもなく、紙もない自由な大韓民国の、この監獄の中で生きるよりは」（『亞洲經濟』2010年8月24日）と嘆いていた。日本統治期にも、ペンと紙を奪われることはなかったのに、韓国のいう自由とは何だ、というのだ。

彼が、実際に日本統治期の刑務所を経験していても、同じことが言えたかどうかは疑問だが、彼の言葉通り、日本統治期の刑務所が、韓国の軍事政権時代の刑務所よりも、「マシ」だった可能性はゼロではない。だが、時代がいつであれ、個人の自由を奪う「監獄」を、第三者でなく、「収監者」に表現させれば、「この世の地獄」とされていたとしても、仕方ないのではないだろうか。

独立記念館──「レンガ一枚分の金額」

忠清南道天安市というところにある歴史博物館は、１９８２年に行われた全国民を挙げての募金運動により建設が開始され、１９８７年に完成した。日本統治から韓国が「独立」したことを記念するために建てられた施設で、その名を「独立記念館」という。私は当時小学生だったが、募金運動の様子を鮮明に覚えている。名前こそは「募金」だったが、軍事政権である政府が主導した募金運動は、実質的には「強制」集金であった。政府はマスコミや学校を通じ、国民に独立記念館建設の意義を大々的に宣伝し、それに刺激された国民は、熱心に運動を繰り広げ、参加した。

当時、「レンガ一枚分の金額」という言葉をよく耳にした。この「レンガ一枚分の金額」という言葉、もし仮にその当時、韓国に流行語大賞があったなら、間違いなく上位にノミネートされていたはずだ。この言葉の意味は「民族の象徴を建設するために、せめてレンガ一枚分の金額くらいは送るというのが、国民としての道理ではないか」という論理から出てきたもので、教師は学生たちに、繰り返し「レンガ一枚分の金額」という言葉を力説し、ご丁寧にもレンガ一枚分の金額は「300ウォン」だという説明まで付け加えた。今にして考えてみれば、思わず苦笑いしてしまうような話だが、当時は、皆がごく真面目に取り組んでいた。

マスコミや学校は独立の意味を力説するために、日本統治期の悲惨な生活、独立運動を繰り広げた祖先たちの姿を繰り返し説き聞かせ、子どもも含めた全国民は、日本に対する怒りを感じると共に、愛国心に目覚め、「レンガ一枚分の金額」を国家に寄付した。愛国という名の熱風が吹き荒れていたのだ。

このような国民による「自発的」な募金により完成した独立記念館には、先史時代から現在までの歴史を一望することのできる展示館が設置されているのだが、中でも、日本統治期の姿は、特に念入りに紹介されている。

独立記念館の面積は99万平方キロメートルで、規模の面からみれば西大門刑務所とは比較にならないほど広々としている。1987年のオープン以来、多くの人が訪れ、2011年までの累積訪問者数は4000万人（ちなみに現在の韓国の人口は約5000万人である）を記録した。開館以来修学旅行や歴史旅行の定番コースである。2007年に行われた世論調査では、小中高校で必須の現場体験教育課程に指定することについて、89・2％もの国民が支持を送った。ここは、抗日独立運動の最高の「聖地」といえる。

2013年の夏、独立記念館を訪ねてみた。西大門刑務所と大差のない、つまり、ため息をつきたくなるような施設だった。例えば、酷い拷問を受ける朝鮮人、そして、彼らを殴り、踏みつけ……拷問を続ける日本警察の、等身大のマネキン。その展示物の前に設置されているボタンを押してみると、人を殴りつける音、そしてうめき声が流れ、それに合わせマネキンも少しずつ動いて見せる。あるいは、日本軍が朝鮮人女性を強制的にトラックに載せ、連れて行く様子を再現したジオラマ、など。

現在も毎年、多くの学生がこの場所を訪問する（国民の90％近くが、遠足や修学旅行の必須コースにすることに賛成しているのだから、当然である）。ここで、学生たちは何を見て何を感じるのだろう。おそらく、日本統治期の警察や朝鮮総督府に対する反感を覚えずにはいられないだろう。当時の警察官の4割くらいは自分たちの祖先（朝鮮人）だったということを知らないままに。

独立記念館の展示物で表現されているストーリーはシンプルだ。19世紀までは平和に暮らしていた朝鮮人は、日本の侵略により国権を喪失し、強制的に併合される。しかし、朝鮮人は国内外で、絶え間なく日本への抵抗を続け、独立運動を展開し、その努力が実り、ついには独立を勝ち取る……という、ハッピーエンド・ストーリーだ。そして、そのハッピーエンドをより感動的にみせるためか、日本統治期に起こった物資強奪、強制徴用、慰安婦動員、独立運動弾圧などをより惨忍な姿で描写している。この施設を一言で表現するならば「韓国歴史教科を形象化」した施設、であった。つまり、歴史教科書にも、日本はこのように表現されているのだが、日本統治期の姿を目や耳で再確認し、それを「常識」として定着させるための空間だということだ。

実際、ここで、写真や、拷問を受けているマネキンを見ながら、お父さんが息子にしていた説明が聞こえてきたのだが、鳥肌が立った。

「ほら。……見てごらん。日本の奴らが、我々になにをしやがったのかを」

独立記念館は進化中

独立記念館は元来、歴史という「過去」の姿を伝える展示館ではあるのだが、その役割は常に進化、発展しつつある。政府の機関として、時代が求める「役割」を果たしているのだ。この代表的なものが「独島学校《ドクトハッキョ》」だ。

2013年3月1日に独立記念館に「独島学校」という学校が設立された。国家報勲庁の広報ページに記載されている内容によると、「独島に対する正しい認識と体系的な歴史体験学習を提供することで、国を愛する精神と、領土主権意識の育成に努める」ために設立したのだという。

この学校では、子どもを対象とした1日教育プログラムや、家族を対象とした1泊2日の教育プログラムを準備している。教育プログラムの中で教えている内容は、既に行われてきた「韓国の主張」を、もう一度、「子どもが理解しやすいように噛み砕いて」説明しているにすぎない。だが、子どもたちは、純粋だ。このプログラムを受けることで、独島を守ろうと心に誓い、独島が韓国の領土であるということを、多くの人に伝えようと決意を固める。

幼稚園児を英語幼稚園に通わせ、小中高校生は英語圏の国に留学に送るという、韓国の早期教育熱が、とうとう、独島という分野にまで拡大したのかと、私は軽いショックを覚えた。私が学生だった1980年代には、独島に対する教育と呼べるようなものは存在もせず、教科書にも掲載されていなかった。それが、21世紀に入り社会科の教科書に登場したばかりでなく、単独の教科書製作、学校創立へと発展した。

教科書は、今のところは一部の地域でしか採択されておらず、独島学校も体験学習形式の教育施設とはいえ、領土に対する「主張」が、「科目」に変化したという現実には、韓国の学校で行われているそれは、「教育」などではなく、国家が望む価値観を国民に植え付ける「作業」ではないのかとさえ、疑いたくなる。

韓国人を相手に、韓国の主張のみを教え込みさえすれば、国際社会において韓国の主張が認められるとでも思っているのだろうか？　仮にそうであれば、今後、中国と韓国が互いに「自国の歴史」だと主張している高句麗を扱う「高句麗学校《コグリョハッキョ》」、日韓が呼称問題で対立している日本海―東海《ドンへ》問題を扱う「東海学校《ドンヘハッキョ》」などが次々と創設されるかもしれない。

日本大使館前で行われる「参加型教育」

ソウルの安国洞《アングクドン》にある日本大使館の前では、毎週水曜日になると、慰安婦被害者たちと挺対協によるデモが行われる。水曜集会《スヨジペ》あるいは水曜デモ《スヨシウィ》と呼ばれるこのデモは、比較的短く、これと言って変わったことをするわけでもない。日本大使館正門前で主張を朗読し、歌を合唱し、軽くリズムに乗って踊りを見せるだけだ。

このデモには、小中高生も参加することがある。これらのほとんどは、教師たちの「引率」によるものだ。私が取材した日の、水曜集会の様子を紹介する。

集会が始まる30分ほど前から、大使館周辺を警備する警察の動きが慌ただしくなってきた。万が一の事態に備え、大使館入口付近だけでも30名以上の警察が待機していた。水曜集会が始まる12時が近づくと、あちこちから人が集まってきた。教師に連れられて参加する学生、そして、記者、市民活動家などが現れ、今や日本に対する抗議の「象徴」となった慰安婦少女像を中心に集まると、やがて元慰安婦のお婆さんたちを載せたミニバンも登場した。時間になると、元慰安婦たちが車から降りてきて、少女像の隣に座り、日本大使館を見つめた。準備が整った。

集会を進行する活動家がマイクを握り、日本をひとしきり批判した。また、集会に参加した学生がその場で感じたことを発表する。参加者は、元慰安婦たちの健康を祈り、また、日本の反省と賠償を追及しながら、集会を閉じた。

ちなみに、抗日集会や独島広報活動等は「ボランティア活動」として、学生の成績表に「点数」として、反映されたりもする。例として、２０１３年に仁川広域市傘下の、「黔丹《コムダン》青少年文化の家」がホームページに告知した参加者募集要項を見てみよう。

□プログラム名：日本軍慰安婦問題解決のための助け合い《ナヌム》　ボランティア活動参加者募集
□運営日時：2013.8.13（火）～ 8.15（木）10:00 ～ 13:00
□場所：文化の家　広場／駐韓　日本大使館（ソウル安国洞所在）
□参加対象：西区管内　小学校５年生～中学校青少年／20 名
□主な内容：オリエンテーション、理論教育（自国を愛する事）、希望の凧作り、署名運動用紙作成、決起文作成及び発表、慰安婦集会参加、他
□受付期間：2013.7.24（水）～ 7.31（水）まで
□参加費：無料
□受付方法：先着順受付（訪問、FAX、E-MAIL、電話受付）
※訪問以外の、E-MAIL や FAX による受付の場合、担当者からの電話確認が必要です。

○電話：032）569 ～○○○○
○ E-MAIL：clam ○○○ @ ○○○○ .com
○ FAX：032）569 ～○○○○
○訪問：黔丹青少年文化の家

□参加特典
○学校生活記録部　校外体験学習欄　記載
○国家認定　青少年修練活動参加時　大学入試の加算点として反映（関連大学）
○青少年　自主ボランティア活動　確認書発行（※合計９時間）

右記の内容を見ると、市の傘下にある青少年施設において終戦記念日である8月15日に、施設の前、及び、日本大使館前で行事を開催するということが分かるのだが、行事の内容は理論教育、署名、決起文作成及び発表、慰安婦集会参加、である。ここで注目したいのは、最後に記載されている「特典」だ。学校生活記録部へ参加活動が記録されるのはもちろんのこと、大学によっては、入試において加算点を得ることができ、9時間の自主ボランティア活動をしたという確認書を受け取れるというのである。これは間違いなく学生たちにとって甘い甘い「アメ」となるだろう。

日本のテレビに映る、日本大使館前で行われる学生たちの集会を見れば、一般の視聴者たちは、その学生たちの愛国主義、そして反日教育の影響の大きさを強く感じることだろう。しかし、実のところ、それが全てというわけではない。その中には愛国心や日本に対する反感よりも、ただただ「点数」が欲しくて参加する学生も少なくないのである（これについては本章の最後で詳しく述べる）。

慰安婦問題に関する参加型教育は、集会参加だけではない。夏休みなどの長期の休みを利用して、慰安婦問題について、より深く関わる機会が設けられているのである。

それは正規教育課程とは別の教育として、政府主導の「コンテスト」形式で実施される。

２０１１年6月、韓国の「女性家族部」は全国の小、中学校を対象に7～8月の間を「日本軍慰安婦被害者の教育週間」とするよう指定した。

小中学生に真実を知ってもらうため、日本軍慰安婦被害者をテーマに体験学習を行うこと、つまり、休み中に、日本軍慰安婦被害者の展示館がある忠清南道天安市の「独立記念館」、慰安婦被害者たちの多くが永眠している「国立望郷の丘」、元慰安婦たちが集まって住んでいる京畿道広州市の「助け合い《ナヌム》の家」を訪問し、感想文や、それに関する絵を描くなどの課題を通じて優秀作を表彰するという事業であった。

このような事業を、教育を担当する「教育科学技術部」ではなく「女性家族部」が担当するというのも若干、不思議な感じがするが、「女性家族部」がジェンダー問題に力を注いで来たことを考えると理解できないわけではない。

これらの体験、コンテスト参加は、正規教育ではないと謳いながらも、教師や政府機関に主導される、すなわち、大人たちの望む通りの答えが絶対であり、他の答えは想像することさえ許されないという点は問題であろう。

ボランティア活動という名の「点数」

韓国の入試は日本以上の「受験地獄」だといわれている。ここで行われる点取り競争は戦争を彷彿させるほどだ。学生たちは1点の差に一喜一憂し、1点でも多く得るための熾烈な競争に身を投じる。

そんな学生たちを対象とし、１９９０年代末から教育制度の一環として「ボランティア活動」という項目が新設された。これは「教科目中心の教育課程でおろそかになった人格教育の強化」のため、１９９６年から施行されていたもので、青少年にできるボランティア活動を通して、社会を体験させるというタイプの「教育」である。

学生たちが経験できるボランティア活動は多様だ。道の清掃であったり、老人施設や官公庁などを訪ねて簡単な仕事を手伝うといったものから、地域の広報、キャンペーン活動などに参加するというものなど、各地域に様々なプログラムが用意されている。

学校	学年	ボランティア活動奨励時間
小学校	１～３学年	年間５時間以上
	４～６学年	年間 10 時間以上
中学校	全学年	年間 15 時間以上
高等学校	全学年	年間 20 時間以上

ソウル市教育庁のボランティア活動奨励時間（2014）

このような活動は、青少年の独立心を養い、社会体験の機会を与え、地域社会に愛情を持つように誘導することができるなど、肯定的な面が多いと評価されている。しかし、ここにも、副作用は発生している。残念ながら、今の韓国社会が、何よりも「成績」を重視し続けることを止めない限り、防ぐのは難しい現象なのかもしれない。

学校の活動である以上、ボランティア活動もまた「成績」と切り離せない。教育庁が指定したボランティア活動に参加すると、「ボランティア活動確認書」が発行され、学生がこれを学校に提出すると、ボランティア活動が学校の成績に反映される。ボランティア活動で獲得された点数の内申書における割合は5％前後であるが、1点でも多く稼がねばならない学生にとって、ボランティア活動は実質的に「強制」された、学校行事として参加することになる。

「ボランティア精神」など持ち合わせていない学生にとって、それはただ「点数」稼ぎとして参加するものである。

報道[※3]によると、「献血」がボランティア活動の一つで認められるようになってからは、青少年の中には「10分だけ横になって血を抜かれていれば4時間分のボランティア活動確認証をもらえるのに、誰が老人施設や障害者施設でボランティア活動をするんだ」

と、簡単で楽なものばかりを好む者もいるという。

少なくとも学生の一部は、汗を流しながら働くような、本当の意味でのボランティア活動は避け、点数を稼ぐために、いかに要領よく振る舞うかだけに重点を置いているのである。たかが数時間であるが、その時間すらも、もったいないと考えた学生が、偽の確認書を提出したケースが報道されたこともある。

２０１２年の全北日報《ジョンブクイルボ》の報道によると、この年、全北道庁前で行われた３・１節《サミルジョル》（１９１９年３月１日に起きた独立運動を記念する日）の行事には多くの中学生が参加した。しかし、その多くは「ボランティア活動確認書」を受け取るための出席であり、確認書を受け取るとすぐに、その場を去る学生も少なくなかったという。また、参加した学

ボランティア活動	活動内容	主催機関	実施日時
日本軍「慰安婦」問題の立法解決を追求する50万名署名キャンペーン	署名運動、広報	挺身隊問題対策協議会	2010
挺身隊問題対策協議会結成20周年記念行事	行事準備業務	挺身隊問題対策協議会	2010.11.19
出会いの日行事	行事参加	挺身隊問題対策協議会	2012.12.15
3･1節記念行事	行事参加	全国各自治体	毎年 3.1
Dok!Do! 青少年独島守護団	行事参加	ソウル市立文来青少年修練館	2012.8.6
独島フェスティバル 金章勳 釜山コンサート	行事進行	バンク（VANK：Voluntary Agency Network of korea）	2010.12.3
独立記念館志願ボランティア	記念館が定める業務	独立記念館	年中
3.1 節青少年ボランティア	行事進行補助	西大門刑務所歴史館	2013.3.1

「点数」をもらえる日本と関連した青少年ボランティア活動の例

生の中には3・1節の意味を問う記者の質問に「3・1節は、韓国が独立した日じゃなかったですか?」と答えた学生もいたという。行事の意味について、何らかの知識も、関心もないままにただ「点数」のために参加しているのだ。

このような「ボランティア制度」が人格育成という本来の目的を達するために効果的だろうか? 行事に参加することでその活動の意義を理解したり、汗を流しながら誰かのために働くことによって、社会に対する理解を深めるのではなく、ただスタンプラリーのように確認書を受け取ることだけに熱心になるこの制度を通して、学生たちが何かを学ぶとするならば、それは「要領よく立ち回ること」と「近道を求める姿勢」だけではないだろうか? あるいは、国家が学生たちにプロパガンダを注入するために、役に立つだけではないか。

ところで教育庁が認定する「ボランティア活動」、すなわち「点数」には「日本」に関連する活動も少なくない。日本軍従軍慰安婦に関連する行事で手伝いをするとか、署名をもらうために街角に立つとか、3・1節の行事に参加するとか、独島広報行事に参加するなどがそれである。10代の若者たちにはそれほど興味のある内容ではないかもしれないが、それでも汗を流しながら働くことになるような仕事や、老人ホームで体を動かして働くことを避けたい若者たちにとっては、魅力的なボランティア活動であることは明らかだ。

この章の冒頭でも述べた通り、教育は、学校の「中」だけで行われるものではない。学校の「外」でも、様々なかたちで行われている。そしてその形式は自由参加をうたっていても、韓国のように、「点数」が付けられた学校「外」の教育は、事実上の「強制」になることも多く、新たな形態の「義務教育」である。

その義務教育が政治的、思想的偏りがなく、学生に知識、技術、理解、友愛を授けられたなら幸いだが、そうでない場合には、深刻な副作用を招きかねない。3・1節の行事に学生たちは何の興味も知識もないままに参加している、という記事を紹介したが、それでも、「外」で行われる参加型の教育は、教室で行われる「知識の伝達」よりもはるかに強い記憶と印象を残す。しかもその知識は学問的に裏付けられたものではなく、一般市民による思い込みや感情による危険性も含有しているのだ。

大人たちは自分たちと同じ「感情」や「価値観」を青少年たちに伝えることを願う。しかし、それが特定の集団の歴史観、政治観に基づくものであったり、恐怖と憎悪を伴うものであるならば「利」より「害」が大きくなってしまうこともあるのではないだろうか？　そもそも、大人たちの欲望のために、子どもたちを「点数」で釣るということ自体が、望ましい教育であり得るだろうか？

韓国社会は今なお日本から受けた朝鮮民族の「被害」を青少年に教えようと必死になっている。だが、そのための「学校の外の教育活動」が必ずしも肯定的な効果を得られるとは言い切れないこと、逆に青少年を被害者にしている可能性すらあることに、そろそろ気づくべき時ではないだろうか。

※1：『歴史教育研究2』「歴史的な場所の学習と過去の記憶の問題――小学生の歴史的な場所の再現分析を中心に」リュ・ヒョンジョン／韓国歴史教育学会／2005年12日

※2：『東亜日報』1939年2月2日

※3：『京畿日報』2012年6月13日

第7章　学校の「後」で行われる教育

厳しい韓国の公務員試験

今、韓国では「公務員」が人気だ。1997年に始まったアジア通貨危機を発端とし、韓国社会は深刻な不景気、景気沈滞を経験した。大企業がいくつも破産し、財閥系企業さえもリストラ、子会社の売却などで、なんとかしのぐしかなかった。結果として多くの失業者、個人破産者が生まれた。最近では、その衝撃からは抜け出したといえるが、このときのトラウマは韓国社会に一つの新しい風潮を生み出した。

いつ破産するか、解雇されるか、わからない大企業よりも、地味に見える仕事かもしれないが、他の職業に比べ安定した公務員のほうがいい。公務員が最も人気のある職種として注目を集めるようになったのである。

そして、その競争倍率も想像を絶するほどに飛び上がった。

次ページの表を見てもらえば、殺人的な競争率であることが伝わるだろうか。だが、これは一般的な「行政職」だけの統計だ。ここに特殊職である消防、警察、教育公務員、それに「契約職員」まで含めると、その倍率はおびただしい数字になる。

２０１９年の例をもう少し詳しく見てみると、地方公務員７級採用試験の場合、江原道が２４２：１、大邱広域市１３９：１、全北道１３６：１、大田広域市98：１など全国平均競争率が70：１を記録した。その中には数百倍の競争率を見せることも珍しくない。それだけ現在の韓国では公務員が人気だ。

１００万人ともいわれる韓国の公務員人口に対し、これだけの高倍率で若者が集中することは明らかに懸念すべき問題である。たとえば、簡単な事務職ですら数十倍の競争を乗り越えなければいけない。

このための試験は、優秀な人材を選ぶためというよりは、ミスをした人を落とすための試験であるという指摘。そして多くの若者たちが数年もの間、そんな公務員試験の準備だけをすることは、大きな社会的浪費であるという指摘。そして、若者たちが夢と抱負を抱くことより、すぐ目の前

区分	地域	採用人員	志願者	競争率
地方公務員	江原道	2	485	242：1
	大邱	12	1,666	139：1
	全北	6	817	136：1
	大田	9	881	98：1
	全国平均	581	40,869	70：1

地方公務員７級採用試験の競争率（2019年）

の安定性だけを求めるという消極的な姿について懸念する声も出ている。いまの状況が、いくつかの問題を抱えていることだけは事実だ。

競争率が激しくなったためか、公務員就職浪人もかなり増えた。彼らは公務員試験の問題集を常に持ち歩き、試験に必要な内容を頭の中に叩き込むのに余念がない。熾烈な競争において、命取りとなるようなミスをしないため、無条件に丸暗記しておくのだ。

ここで一つ問題提起をしよう。公務員試験において「韓国史」が必須科目として入っているということについてだ。

一般的に、高校を卒業すると、歴史を「受動的に」学ばなければならない時間はほとんどなくなる。このときからは、歴史に興味を持っている人たちだけが自ら、つまり「能動的に」歴史を学ぶようになるのだ。大学で専攻する人はもちろん、そうでなくても教養科目として選択し授業を聞いてみたり、一人で歴史書を読んでみたりしながら、知的好奇心を満たすために歴史に向き合うようになるのだ。このような自由な学習は、多様な歴史観、あるいは、ものの見方を手に入れるために効果的であり、尊重されるべきである。

ところが、公務員試験が、小中高校時代に学んだ「国家が望む歴史観」を、若者たちに再度、徹底的に刻み付けるのだ。

受験地獄だった高校時代を終え、自由に多様な意見に接すべき20代という貴重な時期に、もう一度国家のプロパガンダを、無条件に頭の中に押し込むことになるのだ。それも、殺人的な競争率を乗り越えるために。

1年に1万人の公務員を選ぶとする。仮に、平均競争率を30：1とすれば、受験する人は30万人である。多くの若者たちが高校時代以上に真剣になり、その内容を数年間かけて頭の中に刻み付ける。

本来、公務員試験の受験は「自己選択」によるものだ。しかし、不況下において、安定志向という社会的風潮が高まったため、多くの人が学校を卒業しても就職のために、国が定めた価値観を勉強しなければいけない状況に追い込まれた。結果、見事な「愛国生涯学習システム」が完成してしまったのかもしれない。

公務員試験にはどのような問題が出題されるのか

これまでに実際出題された試験問題を見てみると、大部分は中・高校時代に学んだ内容である。しかし、試験を受ける側のモチベーションは中・高校時代のそれとは比較にもならないほど高く、切実だ。繰り返しになるが、安定した職場を手に入れるため、数十万のライバルを相手に戦わなければならないからだ。

そして、暗記すべき歴史事件の解釈に矛盾や間違い、あるいは嘘が混じっていたとしても、それは問題ではない。その内容が事実だろうがそうでなかろうが、国家が望む回答をすることが重要である。疑問を持つ必要はなく、異論を述べる必要もない。むしろ、そんなことをするのは自殺行為である。「点数」を取ること、それが全てだ。

それでは、実際に出題された問題の中で日本と関係がある問題の例と、問題集に書いてある簡単な解説を見てみよう。

問）三国の文化は、日本文化の形成に影響を及ぼした。これについて正しく説明しているのは？

（法院職　2007年）

①高麗は日本に紙と墨の製造方法等を伝播した
②三国時代の文化伝播は、日本に白鳳文化を成立させた
③百済文化の影響を受け「韓人の池」という言葉が生まれた

④新羅は日本古代文化の形成に、大きな影響を与えられなかった

正答は①。②は飛鳥文化（白鳳文化を成立させたのは統一新羅）。③は新羅文化の影響

問）外交使節だけでなく、朝鮮の先進文化を日本に伝播する役割を果たしていたのは？

①領選使
②通信使
③紳士遊覧団
④修信使

（国家職　２０００年）

正答は②

問）次の内容に関係する外交使節についての説明として正しくないものは？

（国家職　２００８年）

日本の人たちが、韓国の詩文を求め、それを得た者は一様に、貴賤賢愚を問わず、神仏を見上げるようにし、数珠のようなものを貴重品のように感じ、たとえ、駕籠を担いで馬を引くような卑しい人でも、朝鮮人が楷書や草書で書いた書を得さえすれば、皆、手に額を乗せて、感謝の誠意を表す。

①１８１１年まで、10回以上、行われた
②日本の征韓論を押さえつけるのに寄与した
③日本の幕府が、自身の権威を高めようとする目的もあった
④18世紀後半、日本で国学運動が起こる刺激剤となった

正答は②。例文は朝鮮通信使についての記述である。
征韓論は興宣大院君執権期に台頭

これらは、朝鮮半島にあった三国、そして朝鮮時代の通信使が日本に文化を伝達したという文化的優越感を前提とした問題だ。小学校から高校までで勉強した内容を20歳を過ぎて再び「復習」することになるのだ。

独島についての説明として最も正しくないものは？

（立法考試　2003年）

①『三國史記』によると、6世紀初、智證王《ジュジュンワン》のとき、異斯夫《イサブ》が現在の鬱陵島《ウルルンド》独島一帯にあった于山国《ウサングク》を征伐し、国に服属させた

②『高麗史』には于山国の人々が、高麗へ土産物を貢いだという記録が登場する

③『世宗實錄地理志』では、鬱陵島と独島を慶尚北道蔚珍縣所属として区分していた

④『新增東國輿地勝覽』及び、この本に付属の地図『八道總圖』で、独島を確認することができる

⑤日本の幕府は、1699年にタケシマ（竹島：当時、日本で鬱陵島を指していた言葉）と付属の島々を朝鮮の領土として認定するという文書を朝鮮

朝廷に渡した

正答は③。『世宗實錄地理志』には、「江原道蔚珍縣」と記録されている

独島に関する内容も公務員になるためには落とせない重要な「知識」。首を傾げるような内容があったとしても、「正答」は出題者が望むものを選ばなければならない。そして、受験のために入力した「情報」はやがて、「常識」に代わっていくことだろう。

問）1930年代以降、日本の民族抹殺統治の内容に該当しないものは？
（国家職　2002年）

①私たちの姓名を日本式に直すよう強要した
②学校で、私たちの言葉と私たちの文字の教育を禁止した
③内鮮一体、日鮮同祖論、皇国臣民化を主張した
④学校教員にも、制服を着させ刀を差させた

正答は④。④は武断政治期（1910～1919）の説明である

選択肢の例文は全て日本の「悪行」。正解である「該当しないもの」とは選択肢の例文を否定するものではなく、単に時代がずれている例を指す。日本が悪いことをしていないという印象を与えてはいけないのだ。

問）1965年6月に締結した日韓協定に関連して、学生と市民が6・3事態に集結し反対デモ運動を行った主な理由は？

（ソウル市　2006年）

①日本の投機性資本の国内流入の増加
②日本に対する経済依存度の増加
③日帝強制占領に対する謝罪と補償の要求
④日本の大平外相の韓国を卑下する態度
⑤日本とアメリカに対する貿易赤字の増加

正答は③。
国民の関心は、日本が植民地支配を謝罪し、補償するかどうかに注がれていた。日本がこれを拒否すると、学生や市民たちは、対日屈辱外交反対闘争を繰り広げ、このデモが頂点に達した1964年6月3日、政府は戒厳令を宣布し、デモを鎮圧した

この問題については少し詳しく説明をしよう。まず、6・3事態とは、1965年に起きた日韓会談反対デモのことである。解説には、当時の状況が説明されているが、これは全てが正しい解説とは言い難い。当時の新聞を読んでみると、当時の反日デモの主な理由と関心事は、謝罪や請求権よりもむしろ、韓国の経済奴隷化、在日コリアンの法的地位を心配する声が多かった。

それは、「我々の市場が日本の商人に支配されてはいけない」（『京郷新聞』1965年2月17日）という記事や「我が国の経済を日本経済に再び文字通り隷属させる依存経済としてしまうだろう」（『東亜日報』1965年6月10日）といった記事からも窺える。また、1965年7月1日付の『京郷新聞』2面に掲載された、「反

日デモを行った大学生たちの主催するシンポジウムで挙げられた日韓協定への反対理由」を見ても、やはり大部分が「経済侵略」であり、謝罪や請求権に関わる内容はなかった。そもそも、謝罪とか謝罪拒否の話は会談の時にはなされていない。

史実と違うことがあったとしても、疑問に思うことがあったとしても、難関、そして憧れの「公務員」になるためには「正解」、つまり国が望む内容を書かなければならない。これは学校で行われている日本に対する教育より、もっと徹底的で、隙のない「教育」といえるかもしれない。

とはいえ、これはあくまでも安定志向から公務員を目指す人々だけが経なければならない過程であり、民間企業に進路を定めた人々には関係がないと思う人もいるだろう。ところが、韓国はこれを「補完」するかのように、完璧な、もう一つの「教育システム」を作り上げた。それは「韓国史能力検定試験」という検定試験である。

人気の資格試験「韓国史能力検定試験」の危険性

２０１４年５月24日の土曜日。韓国の大手ポータル検索サイトの検索キーワードランキングで突然１位に浮上したキーワードがあった。「韓国史能力検定試験　答案」

という2つの単語だ。当日、全国的に行われた検定試験である。検索キーワードランキングの1位になったことが意味するのは、現在の韓国におけるその試験の人気、注目度の高さである。この日の受験者数は8万人以上、年に4回行われるこの試験の2013年度の受験者数は34万人を超えた。なお、行政書士の受験者は7万9000人であった。これはもはや「検定試験」というより就職のための「資格試験」に近い関門になってしまったような気もする。ちなみに、趣味レベルで行われている日本の歴史能力検定試験の受験者数は2012年で2万2660人であった。日本の人口が韓国の約2・5倍であることを考え併せると、韓国史能力検定試験の人気ぶりが想像できるだろう。

韓国史能力検定試験は2006年から実施されている。日本にも歴史能力検定という検定があるが、韓国のものとは大きく違う。日本は民間協会が実施しているものであるのに対し、韓国は政府機関であり、国史教科書を作っている「国史編纂委員会」が問題を出しているのだ。つまり、ここに出題される内容は、学校教育の延長線にあるものであり、国家が主導する「生涯学習」の一種である。

日本の場合、歴史能力検定は歴史が好きな人々が好奇心、趣味、自己満足のために受ける場合が多い。だから日本の読者たちは、韓国の検定試験も、一般の人たちには大きな影響を与えることはないのではないかと思うかもしれない。しかし、この制度が及ぼす「影響」は間違いなく大きく、深刻だ。この試験の合格者には「特典」が授与されるためだ。

この試験の問題集に紹介されている「特典」を見てみよう。

〈韓国史能力検定試験特典〉

・２００９年から国立国際教育院で施行する国費留学生国史試験を韓国史能力検定試験で代替できる
・２００８年から海外派遣公務員選抜国史試験を韓国史能力検定試験（３級以上合格）で代替できる
・２０１２年から２級以上合格者に５級国家公務員・外交官候補選抜試験に志願資格を付与
・２０１３年から３級以上合格者に教員任用試験資格付与
・ＧＳカルテックスはインターン社員および新人、中途社員採用時、韓国史能力検定試験２級以上の合格を必須とする

・ロッテ百貨店、湖南石油社員は昇進時、韓国史能力検定試験（2級、3級）合格を必須とする
・ウリ銀行は新入行員採用時、韓国史能力検定試験合格者には加算点付与
・成均館大学校は韓国史能力検定試験2級以上合格者に東洋人材選考志願資格を付与する
・民族士官学校は入学選考時、韓国史能力検定試験合格内容を選択提出書類項目の、人文社会分野における優秀性の立証資料として含ませる
・各レベル別成績優秀者は、国史編纂委員会委員長が表彰し、また国内の歴史探訪の機会を与える

官僚コースである5級以上公務員、そして教員試験にはこの検定試験が「必須」になっており、国費留学生試験、公務員選抜試験、民間企業の入社試験に加算点が生じるだけでなく、大企業に就職した後も、昇進するためには合格が必須条件となっているのだ。

中高校生のときは大学に行くために、大学生のときは就職のために、就職後は昇進

のために、国が指定した内容をそのまま「知識」として頭の中に入れているのだ。

さらに、その適用範囲は拡大の一途をたどっている。社会人になろうとする人なら、避けて通れない、といっても過言ではない。学生に人気が高い大企業が、この試験に加算点を適用しているのだから無視するわけにはいかないのだ。

ここに出題されている問題は、やはりここまでに紹介してきたような学校の試験問題や、公務員試験などと同じような内容である。政府傘下の機関である「国史編纂委員会」が問題を提出しているため、当然の結果だ。

違う点があるとすれば、問題文に「証言」の記述をすることで、事件がおきた当時の生活像を紹介するような問題があることだ。

実際に韓国史能力検定試験に出題された問題を紹介する。

> 次の文章は※著者注国権被奪期に生きていた、ある人物による回顧である。この人物が経験したかもしれない事実を「例」から選べ
>
> （第3回2級　2007年10月27日）

「私は日帝が満州国という傀儡国家を建国し、民衆を飲み込もうとしていた頃にソウルで生まれた。真の韓国人として生きていくのが難しい時代だった。今の初等学校《チョドゥンハッキョ》を小学校《ソハッキョ》といっていたのだが、私が実際経験したことのなかで、ひとつだけ忘れられないことがあるんだ。授業時間中に日本人の担任教師が私を呼びだして、突然、殴り始めたんだ。天皇陛下に忠誠を誓わない奴だからだ、というんだ。私は天皇だかなんだか、見たこともないのに忠誠とか何とかいう、その日本人教師の言葉がどうにも理解できなかった。その翌日、母さんが学校に呼び出された。後で聞いた話だが、日本人教師は私の名前を日本式に直せと強要したんだと。仕方ないから直したさ。殴られずに学校に通うためにはそうするしかなかった」

〈例〉
イ）学校では朝鮮語を必須科目として習った
ロ）上級学校へ進学し、6・10万歳運動に加担した
ハ）近所のお兄さんたちが徴用や徴兵に引っ張られていくのを目撃した
ニ）金属製品を全て供出させられたため、木の皿にご飯をつぎ、食べた

①イ、ロ
②イ、ハ
③ロ、ハ
④ロ、ニ
⑤ハ、ニ

（※著者注）国権被奪期：日本統治期（１９１０〜１９４５）の別称

正答は⑤。

例文の人物が生まれたのは満州国が建国（１９３２年）されたころとある。国語教育が禁止されたのは１９３８年から。また、6・10万歳運動は１９２６年

次の問題は慰安婦に関する問題である。

次の小説の背景となっている時期を、ドラマとして製作しようとしたときに登場人物として適切でない人は？

（第5回高級［1〜2級］ 2008年10月25日）

「マンドゥク〔小説の主人公の少年〕が去った後も、村の青年たちは、後先にと徴兵や徴用で連れて行かれ、男性といえば中高年以上の人しかいなくなった。……とても悪い噂が、疫病よりも激しく入り乱れ、止めるすべもなく町中を支配した……日本本土や南洋諸島に行って働きたい娘たちは志願すれば連れて行ってくれて、後で家に送金することもできる、という村役場による公告が布かれた後だったが、その気がある家は一軒もなく、まさか金儲けに強制的に送るとは、誰にも予想できなかった。しかし、聞こえてくる噂によると、そうではなくて、何人かずつ割り当てられた役場の労務課書記と巡査たちが、年頃の娘の家を脅したり、いきなり連れて行くようなことまでした」

①村に設置された神社で参拝する学生婦女子たち
②朝鮮物産共進会を観覧するためにソウルに上京した商人

③皇国臣民ノ誓詞の暗記を強要する教師とこれに反発する学生たち
④日本に航空機を献納する意思を明らかにする起業家と聖戦への参加を督促する文人
⑤日本式の名前に変更することを強要する村の書記とこれに反発する村の老人

正答は②。②は1915年の出来事で、他は1940年代に行われた政策

〔 〕内の文章は著者による補足

この例文は、1990年代に発表された、朴婉緒《パクワンソ》の小説『彼女の家（그 여자네 집）』の一部である。すなわち、1990年代の韓国社会の認識を反映した小説だということだ。小説は歴史的な事実と必ず一致するものではないが、このような内容が「小説」として一度、そして「試験」としてもう一度使われ、韓国社会に創始改名、強制連行、慰安婦などに関する認識を定着させる役割を果たしたことは間違いない。

韓国史能力検定試験は内容面からみると学校の歴史教育、公務員受験とあまり変わらない。しかし、その対象が会社員、教員、留学、昇進、大学入試を目指す人である

こと、そして今後もだんだん対象と適用範囲を広げていくと予測されることを考えると、今後及ぼすであろうその影響力は莫大である。学校を卒業してもこのように国が定めた内容を勉強し続けなければいけない現状は悲しいことだが、国にとって好都合なことには違いない。自国の歴史に疑問を抱くようになるという「脱線」を防いでくれる、素晴らしい「装置」の役割を果たしてくれるからだ。

NEW KOREANになるための道—「帰化試験」

韓国社会において、ここ数年間、流行のように頻繁に使われている言葉のうちの一つが「多文化」という言葉だ。多文化という言葉は、「多文化家庭」「多文化共生」などの文脈で使われ、韓国へ留学、就職、結婚などの理由で滞在するようになった外国人たちとの関係について語るときに使われる単語だ。

韓国が輸出中心の工業国として成長すると、韓国も外国人の人材を多く受け入れるようになった。韓国に長く留まり仕事をする労働者の中には、永住権を求め、韓国に帰化することを望む人たちもいる。他にも、韓国の農村に嫁いだ結婚移住女性など、理由はさまざまであるが、韓国へ帰化を望む人の数は年々増加傾向にある。

ところで、韓国の帰化制度には日本にはない独特な関門がある。「帰化試験」というものである。

日本には帰化試験がないが、帰化試験制度自体は、米国、イギリス、オーストラリア、シンガポール、オランダ等、多くの国で実施されている。大概は語学能力、歴史や文化の基礎知識等の確認といったレベルの問題だ。ところで、国籍取得を切実に望む人の立場は、自分がどのような思想を持っているかに関わらず、その国家が望む答えを出さなければいけない、という弱い立場である。ある意味において「踏み絵」と同じ役割を果たすということだ。

２００９年のデータを見ると、韓国の帰化試験受験者は約1万５０００人。合格率は60％前後であった。試験の形態は筆記試験と面接試験の2つがあり、地理、歴史、文化、言語などの基礎知識の理解度を測るとともに、「韓国人」として備えていなければならない「基本素養」を問うものでもある。ここでも、やはり、日韓関係について韓国人としての「模範解答」が要求される。

帰化試験に実際に出題された問題をみてみよう。

問）大韓民国の東端にある島として、日韓両国が領有権を主張し紛争の元となっている島は？

①済州島
②鬱陵島
③白翎島
④居済島
⑤独島

正答：⑤

問）金九が組織した反日愛国団の一員であり、１９３２年に中国上海の紅口公園で日本軍の重要人物たちに水筒や弁当箱で作られた爆弾を投げつけた

①安重根《アンジュングン》
②尹奉吉《ユンボンギル》
③安昌浩《アンチャンホ》

④李承晩《イスンマン》
⑤金佐鎮《キムジャジン》

正答：②

問）次の文と関連のある軍隊はなにか？

・大韓民国臨時政府は、別々の地域で活動していた独立軍を集めて作られ、軍事教育を実施した
・光復〔終戦のこと〕直前には、アメリカと連合して日帝を追い出すための作戦を準備していた

①別技軍
②三別抄
③別武班
④韓国光復軍
⑤韓人愛国団

正答：④

〔　〕内の文章は著者による補足

ここに出てくる問題は、歴史的知識をテストする公務員試験、韓国史能力検定試験などに比べれば、難易度はかなり低いほうだ。問題のレベルだけ見れば、中学校1年生の歴史問題より、かなり簡単だ。韓国で生まれ育った韓国人であれば、ほとんどが答えられる問題と言ってもいいレベル、つまり、韓国人としての「常識」レベルだということだ。

さて、韓国人になるためには、スポーツ選手に対する知識もおろそかにしてはいけない。これもまた、韓国人であれば基本的に知っていなければならない事項に入る。つまり、こういうことだ。金妍兒《キムヨナ》や朴智星《パクチソン》を知っていなければ韓国人じゃない！

スポーツ関連の出題例を紹介しよう。

問）次のうち、運動選手とその活動分野の組み合わせが正しくないものは？

①朴贊浩《パクチャノ》―野球
②朴《パク》セリ―ゴルフ
③朴泰桓《パクテファン》―水泳
④朴智星《パクチソン》―バスケットボール
⑤金妍兒《キムヨナ》―フィギュアスケート

正答：④

問）２００２年ワールドカップで我が国は４強に入った。我が国のサッカー代表チーム応援団の公式名称はどれか？

①青い《プルン》悪魔
②赤い《ブルグン》悪魔
③黄色い悪魔
④赤い《パルガン》悪魔
⑤白い悪魔

正答：②
[二つ目の問いの②と④は日本語にすると同じ赤い悪魔だが、韓国語では②の「赤い悪魔（붉은악마）」が公式名称として定着している]

そしてさらに面白いのが「面接試験」で問われる問題だ。帰化試験問題集に紹介されていた「既出問題」を見てみよう。

〈面接試験　既出問題〉

・韓国の国歌の2番を歌ってみてください。
・韓国はどんな国だと思いますか？
・外国から友達が遊びに来たら、我が国の文化財のうち、どこに連れて行きたいですか？
・北朝鮮が延坪島を攻撃し挑発したり、戦争をしたがっていますが、北朝鮮の考えに賛成ですか?

審査委員たちが韓国人になりたがっている外国人たちにどんなことを期待しているのか、ここから垣間見ることができる。彼らは韓国の国歌を1番から4番まで、全て歌えることを期待し、韓国には良いイメージを持っていて、外国の友人が遊びに来れば韓国の文化財を誇らしげに紹介してくれるのを期待する。また、「戦争をしたがる」北朝鮮には辛辣な批判を待っている。おそらく、受験者なら誰もが、審査委員が望んでいることをよく知っているだろう。そしてどう答えなければならないのかも。

韓国の帰化試験をみると、愛国主義、そして国粋主義的と思われるところが多く、韓国人として恥ずかしく思う。韓国内には多文化共生、脱民族主義を強調する知識人、そして、それに同調するマスコミも多いのに、なぜこのような現状について、何の指摘もないのだろう?

仮に、日本が日本人に帰化しようとする人を相手に「竹島は日本の領土」であると言わせるような試験を行ったなら、韓国は容赦ない批判を浴びせるはずである。

韓国の教育熱の高さは世界でも有名だ。若い学生たちは大学入試のために、朝から晩まで机の前に噛りつき、国が定め、認定した教科書に向かい合う。大学に入った後も、目的が変わるだけだ。就職するためには、英語、専攻、韓国史などの勉強から逃れられない。学生生活を終えてからも同じだ。就職後には昇進のため。人事評価の加算点を得るため。

同じ内容、同じ科目の反復学習に出口は存在しない。このルールは、韓国人に「帰化」を希望した外国人にも、当然適用される。

洗脳式教育、暗記式の教育を「生涯」反復し続ける学習者は、国が提示する以外の内容に接するチャンスも、余裕もなくしてしまうだろう。彼らに、自分が学んだ内容を疑ってみる気力が残っているだろうか?

恐ろしいことであるが、政府の立場から見ると、国民の考えが一つに統一されるのと同じくらい好都合なことはない。これこそまさに反日的韓国人を作る生涯学習システム「韓国人補完計画」の完成形であるのかもしれない。

第8章　韓国の日教組「全教組」

2019年10月18日、ソウル所在の公立I高校の学生たちがフェイスブックに声明文を発表した。学校による教育内容を告発し批判する内容である。これがインターネットを通じて拡散し「大炎上」状態となった。当然そうならざるを得ないような衝撃的な内容だった。

学生たちの告発は以下のようなものだ。学校で年一回開催される体育大会において、一部の教師たちが学生たちを舞台上に立たせ反日スローガンを叫ぶよう強要したというのだ。それは「倍返しだ！　倍返しだ！」「歴史を忘れた民族に未来はない」「安倍自民党、滅びろ」「アイラブユー　コリア」といった内容だったという。また各クラスの担任教師が自分の授業時間に反日不買スローガンが書かれたポスターを制作するよう指示したりもしたという。それに対して、教師の指導や発言に同意しないある学生が抗議の意味を込めて「対北送金、従北左派」と書いたところ、教師から個別指導を受けたという。学生たちは教師たちによる反日教育や偏った政治思想の押し付けに、反発の声をあげたのである。

教師たちが学生たちに「強要」したのは反日スローガンを叫び、反日ポスターを作ることだけではなかった。文在寅政権に対する批判的な学生や、朴正煕元大統領の経済分野への貢献を評価する学生に対しても「お前、イルベか？（イルベとは韓国の代表的な保守右派コミュニティーサイトで、反対派たちからはネット右翼サイトとされている）」とレッテルを貼ると同時に、授業中に「我が国の右派は愚かだ」などと発言、特に文在寅大統領を批判する学生は「極右」と断定し、また、フェミニズムに否定的な学生に対しては大学入試に影響のある生活記録簿に否定的な内容を記録したというのだ。

この事実が、マスコミにより報道されると、批判の的となったのが全教組である。全教組とは何か？　一言でいえば韓国版日教組といった組織で、現在韓国の教育界においてどこよりも強い影響力を持つ団体である。実は先述のI高校は以前から全教組所属の教師たちが牛耳っている学校として折につけ話題に上ることのあった学校である。例えば、文在寅政権になってからは校長が自ら「北朝鮮平壌にある高校と姉妹提携を斡旋してください」と大統領に対し公開書簡を送ったりしもしている。これらのエピソードからも全教組が「左翼―親北―反日」色の濃い組織だということが見えてくる。

本章ではこの全教組という組織についてもう少し深く掘り下げてみる。

「全教組」とは全国教職員労働組合の略称であるが、1989年の結成当初は、政府が教育公務員、私立校教員の労働組合結成を認定しなかったため、不法団体と規定されていた。金大中《キムデジュン》政権下の1999年に認定を受け、ようやく、合法的な労働組合となった。

だが、親北朝鮮（以下、「親北」とする）的な教育を行っている、あるいは、反米デモ、狂牛病デモ等を主導するなど、「教育よりも理念」的な問題に力を注いでいるなどの指摘を保守派から受けることがあり、政府との衝突が絶えない団体である。

李明博《イミョンバク》政権の時には、公務員政党加入禁止の法律に反し、民主労働党《ミンジュノドンダン》に加入した教師134名が解雇されるなどのトラブルが続いていた。解任された教師を全教組から外すように、という政府命令を無視したため、ついに、朴槿恵政権下の2013年に合法労働組合の地位をはく奪され、再度、不法団体となってしまった。

本書で全教組について言及するのには理由がある。それは、この全教組が、韓国小中高教育に莫大な影響力を持っていることは言うまでもないことであるが、現在では、教育だけでなく政治、労働、外交、軍事問題にまで干渉する団体となっているためだ。

それゆえに、この組織の性向が、韓国の教育を語る上での大きなキーポイントとなるのだ。

既存の他労働組合とは異なり、全教組は、子どもたちを対象に「知識」を伝える「教師」たちの団体だという特殊な性格を持つ。組織の性向が子どもたちに大きな影響を与え得るという特性である。

全教組はどのような団体か

全教組の前身である「民族教育推進　全国教師協議会」が発足したのは１９８７年のことである。当時の韓国は軍人出身の大統領全斗煥《ジョンドゥファン》時代の末期であり、民主化運動を始めとし、労働運動、学生運動などが盛んに起こっていた時期だ。このような時代背景のもとに、全国教師協議会は「真の教育（참교육《チャムキョユク》）」を目指し、「民族、民主、人間化教育」というスローガンを掲げ組織を起こしたの

時期	沿革	政権（大統領）
1987.9.27	全教組の前身である全国教師協議会設立	全斗煥
1989.5.28	全国教職員労働組合結成（非合法労組）	盧泰愚
1999.7.1	全教組合法化認定	金大中
2010.5.23	民主労働党へ加入した全教組教師 134 名解雇	李明博
2013.9.23	政府が解雇された教師を労組から外すことを要求 →全教組側、拒否	朴槿恵
2013.10.24	政府、全教組に合法労組認定はく奪を通告	朴槿恵

全教組の沿革

である。ここで目を引くのは「民族」という単語だ。民族主義が強調される教育には、間違いなく「危険」が伴う。それは、「真の教育」を標榜する団体としてはあまりにも似つかわしくない言葉ではないか。

しかし、このスローガンと共に、彼らの性向や言動を見つめなおしてみると、彼らの目指す「真の教育」がどのようなものであるのかが、みえてくる。このスローガンは彼らの真の姿を知るための重大なヒントでもあるのだ。

１９８９年に全教組が結成されたときに発表された「結成宣言文」には組織の目標や性向がよく表れている。この宣言をみただけでは、この組織が果たして「教育」のための団体なのか、あるいは「革命」を目指した団体なのか、識別できないほどに強い政治的イデオロギーを感じさせる内容である。

（前略）
現在、我々の教育の現実は矛盾そのものだ。日帝強占期の民族教育が、民族の解放と祖国の独立労働者を育てるという課題を担当したように、今日の我々の教育は、数十年の軍事独裁を清算し、民主化を遂げ、分断された祖国の統一を早め

る指導者を育てるという、民族史に残る偉業を成し遂げなければならない。（中略）
同志よ！　共に立ち上がった同志よ！　我々の愛おしい弟子の明るい笑顔のため、固く団結して戦っていこう。教育の民主化と私学民主、そして統一のその日まで、同志よ！　全教組の旗の下に手を取り合って進もう！　民族教育万歳！
民主教育万歳！　人間化教育万歳！　全国教職員労働組合万々歳！
１９８９年５月28日
全国教職員労働組合

この宣言文をみると、「日帝強占期」「軍事独裁の清算」「民主化」「統一」という単語が際立つ。これが「教育」におけるスローガンなのか、政治におけるスローガンなのか、判断できなくなるような単語である。加えて、最後の「同志よ！」というスローガンの反復は、革命家や軍歌さえ連想させはしないだろうか？

もう一つ、ここで注目しておきたいのは、闘争の「期限」を「統一の日まで」と定めている点である。統一とはもちろん、北朝鮮との統一である。

「民族と統一」が必然的にもたらす「反米と反日」

民族を強調する教育は、必然的に同じ民族である北朝鮮との「連携」と朝鮮半島の「統一」を訴えることになる。そして、その場合に邪魔になってくるのは、朝鮮半島に軍隊を駐留させている「米国」と、韓国の同盟国であり、韓国と同様に米軍に駐屯地を提供している「日本」である。

この構造は非常に重要である。後で詳しく見ていくが、韓国で強い「反日」性向をみせている団体、人物の中には「親北」「反米」性向を伴っている人が明らかに多いのだ。「親北」「反日」「反米」はそれぞれ異なる看板を掲げた個別の団体で、異なる分野で活動しているように見えるが、「親北―反米―反日」バックグラウンドという共通点を持ち、実は互いに連携しているケースが多い。

全教組もまた、民族、統一を強調する教育をするための当然の流れとして、反米、反日教育を欠かさない。全教組教師たちは、日本大使館前で毎週水曜日に行われる慰安婦デモに生徒を連れて参加したり、学校では親日派を批判する教育を行ったり、米国産牛肉反対運動をしたり、米軍基地反対運動をしたりする。さらに驚くべきことには、全教組所属の教師の中には、北朝鮮の教科書や教育内容を、これこそが正しい知識であるとして、学生に教える場合さえある。

2006年には、パルチザンの追慕式に中学生180人を連れて参加した全教組所属の教師の行動が波紋を呼んだ。2010年2月には北朝鮮の歴史本を抜粋して学生たちに教えていた全教組釜山支部の金《キム》某教師に懲役8ヵ月、執行猶予8ヵ月を宣告されたこともある。また2012年には「今日のための今日を生きるのでなく、明日のための今日を生きよう」という金正日の有名な発言を「級訓」として教室に掲げていた全教組所属の教師のニュースが伝わり、韓国社会に衝撃を与えた。このように徹底した「親北」路線を示している全教組が、世界で最も反日的な国家である北朝鮮と同様の強い反日路線を打ち出しているのは、果たして偶然だろうか？

全教組のリンク

全教組のホームページを見ると、科目毎の「分科」ページが別に設けられているが、そこの「歴史」には全国歴史教師グループのホームページがある。そのホームページは2000年に構築され現在も運営されているが、2015年までは関連団体の「バナーリンク」がついていた。現在はURL変更とリニューアルのため、そのバナーはなくなったが、バナーの「リンク先」は注目に値する。その団体の「性向」を把握するための、間接的判断材料となるからだ。このような組織のリンクというのは「友好」「連帯」関係であり、相互の密接な関連にある団体である場合が多い。したがって一つ一つのリンクをたどっていくと、その団体の性向や路線が少しずつ見えてきたりするわけだ。それでは、全教組の歴史分科ページに記載されていたバナーの主について調べることにしよう。

全教組の歴史分科委員会のホームページには9つのバナーリンクがついていた。その中で注目すべきは「アジアの平和と歴史教育連帯」「民族問題研究所」「韓国挺身隊問題対策協議会」の3つのリンクである。

「アジアの平和と歴史教育連帯」

この団体は、「Ｎｏ歴史歪曲　Ｙｅｓ東アジアの平和」というスローガンを掲げ、東アジア諸国における歴史歪曲を批判し、共通の歴史認識を作ることを目的とした団体だ。日本では、「新しい歴史教科書をつくる会」の歴史教科書採択反対運動を起こした（２００１年）団体として、耳にしたことのある人もいるのではないかと思う。

日中韓の歴史教科書に関する討論会を主催したり、日中韓共通歴史教材を作るなどの活動もしているのだが、実質的な活動内容のほとんどは日本の教科書と歴史歪曲への批判、独島広報など日本関連の内容である。中国関連の内容もあるにはあるのだが、相対的にみるとごく僅かでしかない。また、「歴史の真実」を伝えることを使命としながらも、東アジアで最も歴史を歪曲している「北朝鮮」に対しては、全く言及していないことも特徴といえば特徴である（それどころか、日本に過去の清算を要求しようという名分のもと、北朝鮮と共に「国際連帯協議会」を組織して活動している）。

この団体の、骨格部分に目を向けてみよう。

まず、組織編成をみると、団体の共同代表には韓国で事実上の「聖域」とも言われるほどの強硬派労組として有名な民主労総委員長や、全教組委員長らが名を連ねている。さらには、挺対協の幹部なども深く関与していることがわかる。

そして、民族問題研究所、全教組、北東アジア平和連帯、韓国挺身隊研究所など、韓国内の「反日オールスター」とでもいうような組織からの支援金を受けている点も見逃せない。

この団体の性向は、２００８年5月18日発表の論評をみれば一目瞭然である。この直前（4月末）、李明博大統領が日本を訪問し、日本と経済的な面、そして、拉致問題解決において協力を表明した。これに対し、この団体は「日本との経済協力のためには、南北関係の後退さえも受け入れるとの意志を表明した」として、激しく非難したのだ。

大統領が、経済的利益のための外交を繰り広げるのは、責められるべきことではない。問題があるのはむしろ、この団体の「民間人拉致」問題に対する見解だ。日韓両国の民間人が北朝鮮に拉致された事件は、まだ解決されていない問題である。これは韓国と北朝鮮間の交渉における障害要素となるどころか、国際社会の一員として北朝鮮に対し制裁を加える理由としても、十分成り立つ人権問題である。したがって、北朝鮮に解決を促し、謝罪を迫るほうが道理ではないか。北朝鮮を圧迫してはならないと非難することが、理にかなっているといえるだろうか？　団体名のとおり「アジアの平和」を願う団体なら、経済協力についての話はさておき、人権と平和について主張すべきではないだろうか？

北朝鮮に圧力をかけることになりかねない大統領の発言には、敏感に反応し、「非難」を表明したこの団体であるが、2008年に北朝鮮の観光特区である金剛山において、韓国人観光客が北朝鮮警備兵の銃で撃たれ死んだ事件や、2010年に民間人が居住している地域に向けた北朝鮮の一方的な先制攻撃により兵士2人、民間人2人が死亡した「延坪島砲撃事件」については、一言もない。これらの事例は、この団体が目指す「平和」が、誰のための「平和」なのか、を如実に物語っている。

同人誌になった「日中韓3国共同編集歴史教材」

また、この団体は、日中韓3国共通教材を三ヵ国語で発行した（日本語タイトル『未来をひらく歴史』）。これは日中韓三ヵ国の学者たちが共同作業を通じ、共通認識を得たものとして、韓国マスコミの注目を浴びた。しかも、その内容は、韓国の立場で納得できる内容が主であり、韓国に不都合な内容はほとんど入っていないという、韓国にとって都合の良すぎる内容だった。

だが、というべきか、分かりきったことだが、というべきか、とにかくこれは最初から結論ありきの成果に過ぎないものだったのである。

そもそも、この教材の執筆陣が各国の歴史観を「代表」することができるのか、疑問である。韓国内でさえ近現代史教科書をめぐって、特に終戦直後の南北の対立と北朝鮮に対する叙述に関しては、今なお国民が完全に二つに分かれての激しい論争の真っ只中である。論争が始まってから数年経っても、意見がまとまっていないのが現実だ。それなのに、立場の異なる北東アジア三ヵ国がそう簡単に共通の教材を作り出し得るということ自体が不思議なことではないか？　執筆陣が記述した内容は、本当に「各国共通の歴史認識」だったのだろうか？

この教材が「成果」を得ることができた理由は、各国の学者たちが、お互いの歴史観を尊重し、納得したからというよりも、国籍が違うだけで、最初から似たような性向の執筆陣たちだったからではないか？　特に、韓国の左派反日知識人、日本の韓国シンパ左派知識人たちによる執筆であるため、韓日関係史については韓国の歴史観そのままといっても過言ではない。この内容であれば韓国が歓迎するのは間違いないが、一般の日本人の立場から見れば、共感を得られない部分も多いのではないだろうか。

この本では、日清戦争の部分を執筆した日本側の執筆者は、東学運動を鎮圧した日本軍について「戦闘、討伐、虐殺による死者は3万人以上、戦闘後の被害者は30～40万人」と述べたが、ここでその根拠とされたのは、第2章でも紹介した歴史小説『東学史』（1940）である。

以上の点を踏まえて考えると、この教材は、最初から同じ性向の執筆者たちだけが集まって編纂したために、「共通認識」を得、完成させることができただけであって、真の意味で各国の歴史認識を一致させることができたとは認められない。共通の歴史認識、共通の性向を最初から持っていた人たちが集まって作った「同人誌」のようなものに過ぎない、ということである。

「韓国挺身隊問題対策協議会」（現：正義記憶連帯）

まず、この団体の名称における問題を指摘すると、この団体の名称に使われている言葉は、「挺身隊《ジョンシンデ》」だが、事実上、この団体の主な活動範囲は「慰安婦《ウィアンブ》」問題である。挺身隊は戦時中不足している労働力を補うため、動員された勤労奉仕団体で、慰安婦は戦地で将兵の性の相手をさせられた女性を指す言葉だが、以前から韓国内では挺身隊がすなわち慰安婦の所属名称であるかのように誤解されるケースが多く、混同して使用される場合も多かった。そして、この団体の名前もそのような混乱を招く一因となっていた。しかし、挺身隊という名目の下で強制連行されて慰安婦になったケースがあるという主張から、今なおこの名称が使用されている（おかげで韓国人の中には依然として挺身隊＝慰安婦だと思っている人が少なくない）。

現在の韓国において、この団体の問題について触れることはタブーで、非難することができる人は、ほとんどいない。非難をしようものなら、逆に、激しい社会的バッシングを受けることになる。なぜならば、政府、左派、右派の対立を超え、ほぼ全ての国民が無条件に支持と同情を送る「慰安婦」という聖域に携わる団体だからである。

この団体を疑うことは、慰安婦を疑うことであり、この団体を非難することは、慰安婦を非難することとみなされるが、今やこれが韓国社会の共通認識となっている。実際、韓国の軍事、時事評論家の池萬元《チマンウォン》氏は挺対協《ジョンデヒョン》所属慰安婦の中に偽物の慰安婦がいる可能性があるという疑惑を提起した（2005年）結果、告訴されると同時に、韓国社会からとてつもないバッシングを受けることになった。

韓国内で、慰安婦の逆鱗に触れる罪は重い。2002年韓国売春婦たちが貸切りバスでソウルに集まりデモを行った事件について「娼婦たちが貸切りバス二台に分乗して移動するのは昔の挺身隊以来本当に久しぶりの光景」ときつい冗談を飛ばした人気MCキム・グラや2004年テレビの討論番組で「慰安婦強制連行の証拠は発見されたことがない」と発言したソウル大学の李榮薫《イヨンフン》教授（当時）、2004年慰安婦をモチーフにして撮ったヌード写真集を発表した女優李丞涓《イスンヨン》、彼らはそのままでは社会活動ができなくなるほどのバッシングを受け、挺対協所属の慰安婦たちの前で土下座しなければならなかった。

このような意味においても、この団体のもつ権力の強さは計り知れない。「慰安婦」という「盾」があるため、批判されることもない。疑うまでもなく強い反日性向を持った団体だが、ご多分に漏れず、同時に「反米」「親北」性向を持っている。

さらに、北朝鮮も挺対協に味方するような発言を繰り返しているという点を見過ごすわけにはいかないだろう。2012年8月15日、挺対協は北朝鮮と共に日韓軍事協定を批判する南北共同声明を発表したのだが、これに対し韓国政府が罰金を科した。政府の許可なしに北朝鮮と接触し、政治外交的に敏感な事案について発表したことに対する、ある種の制裁である。これについて北朝鮮の朝鮮中央通信は2012年11月13日、「悪法も法、という強盗的論理から出発したことであり、許すことができない親日売国妄動」とし、挺対協を擁護すると同時に、韓国政府を強い口調で批判した。挺対協の敵は本当に「日本」だろうか？

ちなみに、挺対協は2018年に団体名を「正義連」（正義記憶連帯）に改名し、日本と韓国を行き来しながら活動を続けている。日本には一般社団法人「希望のたね基金」などの連帯団体があり、今後は日本での活動の場も増えそうだ。

「民族問題研究所」

１９９１年「汎民族問題研究所《バンミンジョクムンジェヨングソ》」という名前で設立。『親日人名辞典』（２００９年、韓国にて出版）の制作を主導した団体である。全教組と民族問題研究所《ミンジョクムンジェヨングソ》の「親密な」関係は全教組が『親日人名辞典』を編纂した功労をたたえ、民族問題研究所に「真の教育賞」を授与した（２００８年）ことや、韓国政府が全教組を非合法労組として指定した（２０１３年）際に、民族問題研究所が論評を発表し、政府を厳しく非難したことからもよく分かる。

「真の教育賞」を受賞した民族問題研究所所長、任軒永《イムホニョン》は「全教組がくれる賞はノーベル賞にも劣らない。親日派清算の精神は、全教組の精神と同じだと信じる」と所感を表明した。

この研究所は、設立されて以来、強制動員真相究明、太平洋戦争被害者補償問題、靖国参拝反対運動、平澤《ピョンテク》米軍基地反対運動、米国牛肉輸入反対運動等を主導してきた。

彼らの研究範囲は「政治的扇動に使用できる歴史研究」に絞られているといっても大きくは外れていないだろう。ちなみに、この研究所の現所長は歴史学者出身などではなく、武装都市ゲリラを組織し、韓国の政府転覆を狙った団体「南朝鮮民族解放戦線準備委員会」で活動していた人物である。

１９７９年には、組織の資金を用意するために富裕層の家を襲い、警備員に凶器を振り回し傷を負わせた挙句に阻止されるという事件を起こし、９年間服役していたこともある、そんな人物だ。そんな人物が現在では「親日派狩り」に最も影響力を持つ（正確に言えば、気に入らない人間に親日派のレッテルを貼ることができる）立場にいるということだ。実際この団体は、盧武鉉《ノムヒョン》執権期に「親日派真相究明法」が発効されたとき、莫大な権力を行使し、「歴史」を題材にした政治的批判をしたり、圧力をかける行動を起こした。

所長を除いて考えたとしても、この団体は「学者」たちが集まって結成した団体ではない。荒唐無稽な主張も一つや二つではない。例えば、日本の海軍提督、南雲忠一（１９４４年サイパンにて戦死）が、１９６０年代に韓国の朴正熙《パクジョンヒ》に会ったと言ってみたり、朴正熙が岡本実という日本名を名乗っていたなどという、事実無根の主張をしてみたりする（この二つの話、実は北朝鮮の歴史書に数回にわたり登場する内容でもある）。研究所という名を名乗っているにもかかわらず、学問的とは認め難い発言が目立つ団体なのである。

だが、この団体は「親北」性向を露骨に打ち出したりするようなまねはしない。韓国において「親北」というイメージがついてしまっては、中道、あるいは右派の支持を失いかねないからだ。しかし、米軍撤収運動、米軍部隊拡張反対運動、米国牛肉輸入反対運動などの行動、あるいは構成員たちの発言や前歴は、ある急進的「親北」団体と比較してみても、大きな違いは見られない。

このような点を考慮すると、全教組のホームページに民族問題研究所のリンクがあることが、ごく自然なこととして見えてくる。

そして、この団体にも「アジアの平和と歴史教育連帯」同様、日本と接点がある。日本の市民団体であるＡＷＣ（アジア共同行動日本連絡会議）の韓国委員会が民族問題研究所の傘下に設置されているのだ。民族問題研究所がＡＷＣの韓国支部の役割をしているということなのだが、日本ＡＷＣの設立目的は「日米のアジア支配に反対する日本のたたかいを発展させ、アジア人民との連帯運動を推進する。かつ、このための全国的な共同闘争を発展させる」となっている。これは正に、民族問題研究所が

「実質的に」向いている方向性に一致する。すなわち１９６１年の安保闘争、そして１９６５年の日韓国交正常化に際して、北朝鮮、韓国左派、日本左派が執拗に推進した「アジア人民が団結し、米国を追い出す」という目標が、未だ生き残り、国際的連携を構築しているのだ。

「反米」「親北」のカムフラージュとしての「反日」

ここまで見てきた全教組と、関連団体ともいえるアジアの平和と歴史教育連帯、挺対協、民族問題研究所などに共通する特徴は、表面的には「反日」指向を見せるが、その水面下では民族統一を掲げ、北朝鮮と連携をしながら、積極的な反米運動を展開するという点である。北朝鮮に対する批判を行うことはない。

今なお、共産主義、社会主義、北朝鮮に対する強い拒否感が消えない韓国で親北、反米だけを主張するのは、相当なリスクを伴う。実際、右記の団体は、韓国の右派から「親北団体」という批判と共に監視の目を向けられている。しかし、前面に「反日」を掲げることで、多くの批判や疑惑の目を避けられるし、支持者すらも得ることに成功している。

もしこれらの団体が「反日」要素をなくし、反米、親北性向だけを前面に押し出したなら、韓国社会では「アカ」と呼ばれ、政府から警戒されるのはもちろんのこと、一般市民からも厳しい批判を受けることになるのは間違いない。

ところで、全教組のリンクには載っていない反日活動団体に「活貧団《ファルビンダン》」というのがある。「活貧団」は韓国で最も精力的な反日活動を繰り広げる団体で、3人の自民党議員が独島訪問のためにソウルから入国しようとした折に、空港で唐辛子粉をまくなどの反日デモ（2012年）を行ったり、日本とのトラブルが起こる度に日の丸を引き裂いたり、日本の政治家の写真を燃やしたりと過激なパフォーマンスで日本のマスコミにも紹介されたことがある集団である。

少なくとも表面的には、韓国の代表的な反日団体であるのだから、親日派清算のための研究団体である民族問題研究所や、日本の蛮行を告発する挺対協、日本の歴史歪曲を防ぐために活動するアジアの平和と歴史連帯など、反日的な組織と友好関係にありそうなものなのに、実は犬猿の仲である。その理由は何だろうか。

実は、韓国の反日は大きく二種類に分けることができる。「親北反米」性向の反日と、

「反北親米」性向の反日である。全教組とその周辺団体が「親北反米」ならば、活貧団は「反北親米」性向の団体の代表である。

実際に、日本大使館前で反日デモを繰り広げたとき挺対協側と活貧団側が互いに声を張り上げ、衝突したこともある。表面上は同じような反日団体が、同じネタを理由にした反日デモの現場で衝突するのには理由がある。

それは、日本に対するスタンスのみが、たまたま（？）一致するだけであって、それ以外の政治的性向が正反対だからだ。これは私の推測だが、少なくとも一方が「反日」という隠れ蓑の中に、本当の目的を隠した「似非反日」であるがゆえの衝突である可能性が高いように思う。

韓国において似非反日は一種の「ポピュリズム」とも呼べるような活動であり、褒められこそすれ、後ろ指を指されることはありえない活動であるという社会的実態と無関係ではないだろう。

反米 反日	主題	親米 反日
反日	日本	反日
反米、米軍駐屯反対	米国	親米、韓米友好
民族的協力、統一支持	北朝鮮	敵対視、打倒すべき勢力
進歩左派	政治性向	保守右派
反日デモ、反米デモ、親日派清算	主要活動	反日デモ、反北デモ
挺対協、民族問題研究所、全教組	代表的団体	活貧団、在郷軍人会

韓国内の反日勢力は反米勢力と親米勢力の大きく２種類に分けることができる

全教組の韓国教育界における影響力は莫大だ。校長が女性教師にお茶を入れるように指示したことに対し、全教組が謝罪を要求し、校長に圧力をかけた結果、校長が自殺に追い込まれるという事件（2003年）や「国民の知る権利」に基づき、全教組所属教師名簿を公開した国会議員と大手マスコミ東亜日報を相手に訴訟を起こし、全教組が約5億ウォンに上る賠償判決を受け取ったという一件（2010年）などからも、その力の大きさを窺うことができるだろう。

このように、韓国内の政治、教育、社会に強い影響力を持つ全教組であるから、彼らが、未来を背負う子どもたちに直接的な影響を与えることのできる位置にいるということについて、憂慮せずにはいられない。

さらに、2014年6月4日に行われた全国17市・道教育監選挙の開票の結果、全教組の幹部出身者が8人、親・全教組性向の候補が5人当選した。韓国において「教育大統領」とも言われる教育監は、学校の設立・廃止、高校の選抜方法決定、教員・教育行政職の人事、教育予算編成、教育科目編成・運営の権限を持っている巨大権力である。17人の教育監が執行する予算の合計は52兆ウォンにのぼるが、これは、人口1000万の首都ソウル市の2014年度予算24兆ウォンの2倍に該当する。

そして、今回の選挙の結果は、全国の幼稚園から高校までの学生７１８万人中84％が彼らの影響下に置かれるようになったことを意味する。

強力な反日、反米、そして親北性向を持つ彼らが子どもたちに植え付ける日本のイメージは、どんな新聞、テレビなどよりも主観的で、感情的だ。

そんな教師の影響を受けて育った子どもたちが見る日本は、時が経ち、彼らが大人になった後にも、「色眼鏡」ごしの日本であり続けるだろう。

おわりに—このような教育を受けたらどうなるのか？

ここまで「教育」という名の活動で行われる韓国内の色々な活動を紹介してきた。その活動は歴史だけではなく、国語、音楽、道徳のような科目でも行われるばかりか、学校内だけではなく、学校の外でも、さらには、学校を卒業してからも繰り返し行われ続けていることを理解してもらえたのではないかと思う。

このような環境の中で、これらの教育、つまり、日本に対する否定的なイメージや、誤った情報を「吸収」し続けた学生たちは、どのような認識を持つようになるだろうか。

日韓相互理解研究会が1992年に刊行した「日韓相互理解アンケート調査集計結果報告書」の結果を見てみよう。日韓両国の小学生から大学生まで合計6102人（日本学生2915人、韓国学生3187人）を対象としたアンケートの結果をまとめたものである。少し古い資料だが、内容としては十分に興味深い。

この報告書によると、韓国の学生は日本についての知識を「教科書」と「教師」から得、日本に対するイメージは、「マスコミ」によって得るという傾向があるという。

それでは、ここまで言及してきた韓国の歴史教育によって得られる日本に対するイメージと知識とは一体どのようなものなのか、その具体的な結果をいくつか紹介する。

最初に見てもらいたいのは、日韓両国の学生に、相手国のイメージを聞いた結果である。

この回答によると、韓国の学生の90％以上は、日本人が、いつ他国を侵略するか分からない攻撃的な国民だ、と考えている。これは、衝撃的ともいえる数値ではないだろうか。日本の

韓国の学生が持つ「日本人の侵略性」についてのイメージ

	強い	弱い	ない	わからない	無回答・無効
高１	91.72	0.69	0.34	5.17	2.07
高２	95.40	0.61	1.23	1.53	1.23
高３	96.56	0.31	0.0	2.50	0.63
大学	94.77	0.29	0.0	2.62	2.33

日本の学生が持つ「韓国人の侵略性」についてのイメージ

	強い	弱い	ない	わからない	無回答・無効
高１	9.07	38.74	26.37	24.18	1.65
高２	8.52	31.53	24.43	33.81	1.70
高３	11.82	33.94	30.30	23.03	0.91
大学	7.64	42.96	18.62	29.83	0.95

「日韓相互理解アンケート調査集計結果報告書」（日韓相互理解研究会 1992）より
1992 年に行われた調査

学生が韓国人を見る目に、警戒感が全く感じられていないのと対照的だ。

学生たちの持つ知識は学校で教えられたそれである。韓国の学生たちは、文禄・慶長の役（韓国名：壬辰倭乱）と近現代史教育により、日本の侵略、植民地統治については、十分すぎるほどに叩き込まれている。一方で、終戦後の日本については、経済発展以外にはほとんど聞いたことがない。終戦後、日本が行ってきた国際機関への参加協力、貧困国への支援など、国際社会での高い評価を受けるまでに至った肯定的な活動については全く伝えられていないのだ。

同調査でもう一つのアンケート結果を見てみよう。相手国の文化的創造性が豊かか乏しいかについてのアンケート結果である。

こちらも、やはり興味深い結果である。韓国の学生の半分以上が、日本人の創造性が乏しいと思っているのだ。これはおそらく、高句麗、百済、新羅からの文化を伝授された日本、朝鮮通信使たちに文化を学んだ日本ということを繰り返し教えられてきたことと関連があるのだろう。島国である日本には、独自の文化というものがなく、過去には大陸と半島から、現代では西洋から入ってきた文化を取り入れ、発展させただけだ、という自国の優越性を誇る、あるいは他国を見下すような感覚がなければ、

「日本人は創造性が乏しい」という発想はなかなか出てこないのではないだろうか。

正直に言って私は、このような先入観をもつ韓国の学生たちに同情する。彼らが持っている認識は、世界の人々が持っている認識とは異なった「韓国人だけ」が持つ認識だからだ。

調査年代は違うが、米国の巨大ソフトウェア企業Adobe Systemが「世界で最も創造的（Creative）な国」を選ぶアンケート調査を行っている。調査は2012年3月30日～4月9日の期間、18歳以上の

韓国の学生たちが見た日本人の文化的創造性

	豊か	普通	乏しい	わからない	無回答・無効
高1	14.83	26.21	49.66	7.24	2.07
高2	10.74	24.85	57.36	5.52	1.53
高3	11.56	25.31	58.44	4.06	0.63
大学	8.43	38.66	46.80	3.78	2.33

日本の学生たちが見た韓国人の文化的創造性

	豊か	普通	乏しい	わからない	無回答・無効
高1	34.34	33.24	15.38	15.66	1.37
高2	28.69	32.10	18.18	17.90	1.42
高3	30.30	34.55	15.76	18.18	1.21
大学	39.14	44.39	8.83	6.68	0.95

5000人を対象にオンラインで行われた。
結果を見ると、米国、英国、ドイツ、フランス、日本のユーザーたちは、「世界で最も創造的（Creative）な国」として、日本（36％）を挙げた（なお、日本人は自国よりも米国をより創造的な国だと評価した）。2位は米国（26％）だったが、1位の日本とは大差がついていた。世界の多くの人々が、日本人は創造的であると評価するのに、韓国の半分以上の学生は、日本は創造性が「乏しい」と評価する。繰り返しになるが、世界とは別の「韓国人」だけの価値観が形成されているということだ。

韓国の教科書と教育課程に「日本人は侵略性が強い」「日本人は創造性が乏しい」などという直接的で危険な表現、文章はない。そのため、日韓の歴史について詳しくない外国人が見たら、韓国の教科書に隠れている、「おかしな点」を見つけることはできないかもしれない。しかし、自国の優越性、日本統治期の被害を強調した韓国の教育が、結果的に学生たちの認識を、日本人は創造力が乏しく、侵略性が強いという方向へとリードしたということを見過ごしてはならない。

この少し古いアンケート結果をみて、今は変わっているだろうと思う人もいるかもしれない。実際、韓国の教育と教科書は変化してきた。しかし、注目すべきところは、このアンケートを取った１９９２年は、まだ歴史教科書に「慰安婦、独島問題が掲載される前で、慰安婦問題は社会的にも話題にならなかった時期だった」という点、そして、このアンケートの対象になっていた世代が「現在の韓国社会を動かす30～40代になっている」という点である。

現在の教育課程において行われている、「日本に対する批判的内容」は、その当時よりも明らかに増加している。だとすれば、現在の教育課程で学んだ世代が、社会において重要な役割を果たすようになる10年後、あるいは20年後、彼らの日本に対する「感情」は、どのような影響を及ぼすようになるだろうか。

もちろん、日本に対し反感を持たせるような教育が、以前より強化されたからといって、将来における対日感情が、現在のそれよりも悪くなるとは限らない。日韓関係の変化、韓国国内の政治状況など、いくつかのパラメーターが大きく動いたならば、対日感情にも驚くような変化が起こりえないとは断言できない。

だが、韓国の「目に見えることのない」反日教育システムの中で教育を受けた子どもたちは既に大人になり、韓国社会の重要な地位を占めるまでに至っている。彼らは、意識的であれ無意識的であれ、自分の子どもたちを、自分たちの常識と価値観を備えた人間に育て上げようとしているのである。

現在、韓国は日本に対し、謝罪と賠償を要求し続けている。だが仮に日本が謝罪と賠償を行ったところで、現在のこの状況を考えたとき、それで日本に対する感情が、急激に好転するだろうか。

日韓関係の楽観論者たちには申し訳ないが、謝罪と賠償よりも大切なのは、「憎悪」を消していくことではないだろうか。私は、何も「日本のため」だけに、このような主張をするわけではない。「教育」という名の「韓国人化」課程に縛りつけられ、憎しみの種をその心に植えつけられ、それを必死になって育て続けている韓国の子どもたちのために、もっとも必要なことだと考えているからだ。私は韓国人として、彼らに、より自由で広い視野を持ち、本当の意味での平和について考えられる大人になって欲しいと願っている。

そして、日本の私の読者たちにお願いしたいのは、ニュースなどに映る韓国社会が、反日感情を激しく爆発させていたとしても、国民性がどうだとか、民族性がどうだとか、そんな単純な評価で片づけてしまわないでもらえないか、ということである。

韓国で韓国人として生まれ育った彼らの行動は、本人の意思とはまったく関係ない後天的な刺激としての「教育」を受けた結果の一部である。もちろんそれだけが全ての原因ではない。だが、この後天的刺激を別の形に替えたなら、韓国人の対日観が変わる可能性も高いだろう。

これを無視して、韓国人の行動や反応を単純に、韓国人に特有な思考パターンであり、気質であると片づけてしまうのは、韓国、あるいは韓国人に対する「偏見」であり、それを定着させてしまう行為だ。そして「偏見」が「憎悪」を生むプロセスと弊害については、本書の中で説明したとおりだ。

今後、韓国、そして韓国人と付き合っていくか否かは自由だ。ただ、「偏見」を持つことは、お互いにとってマイナスにしかならない。一人一人が、自分の見える範囲にある「偏見」と「憎悪」に隠れている事実を確認し、そこに誤解があったのなら訂正するほうが、憎しみ合うよりは遥かに有益だ。

残念なことに、韓国でこれまでに、そして今も行われている教育による影響は今後も無視できないだろう。だが、そんな教育を受けている責任を子どもたちに取らせるというのには無理がある。だからもし、どこかで彼らと出会ったときに、ただ憎み合うだけではなく、ほんの少しだけ、誤解を解くことを考えてもらえないだろうか。

そんな積み重ねがいつか、日韓関係を負のスパイラルから脱却させ、韓国から反日感情を消し去ってくれることを願ってやまない。

崔碩栄

〈主要参考引用文献〉

『史実が示す日本の侵略と「歴史教科書」』吉岡吉典／新日本出版社／２００２
『韓国・中国「歴史教科書」を徹底批判する―歪曲された対日関係史』勝岡 寛次／小学館／２００１
『日韓歴史教科書の軌跡―歴史の共通認識を求めて』君島和彦／すずさわ書店／２００９
『해방전후사의 재인식1』박지향 김철 김일영 이영훈 책세상／２００６
『일본의 한국통치에 대한 세밀한 보고서』얼레인 아일랜드 살림／２００８
『나의 서울 감옥생활 １８７８』펠릭스 클레르 리델 살림／２００８
『국사교과서 파동』윤종영 혜안／１９９９
『러시아 외교관이 바라본 근대 한국』미하일 알렉산드로비치 포지오 동북아역사재단／２０１０
『朝鮮総督府終政の記録』中央日韓協会／友邦協会／１９５６
『한국사 교과서 어떻게 편향되었나』정경희 비봉출판사／２０１３
『北朝鮮の歴史教科書』李東一／徳間書店／２００３
『北朝鮮・驚愕の教科書』宮塚利雄、宮塚寿美子／文藝春秋／２００７
『和解のために―教科書・慰安婦・靖国・独島』朴裕河／平凡社／２０１１
『朝鮮学校「歴史教科書」を読む』萩原遼、井沢元彦／祥伝社／２０１１
『日本のイメージ』鄭大均／中央公論社／１９９８
『국사의 신화를 넘어서』임지현、이영훈 외 휴머니스트／２００４
『한국역사교육사』김흥수 대한교과서주식회사／１９９２

著者略歴
崔 碩栄（チェ・ソギョン）
1972年韓国ソウル生まれ。韓国の大学で日本学を専攻し、1999年渡日。関東地方の国立大学で教育学修士号を取得。ミュージカル劇団、ＩＴ会社などで日韓の橋渡しをする業務に従事する。
2009年韓国へ帰国し、著作活動を開始。
2010年韓国メディアの反日扇動を告発した『김치애국주의—한국언론의 이유없는 반일（キムチ愛国主義—韓国言論の理由なき反日）』を上梓。
同書が韓国文化観光部が選定する2011年社会科学部門優秀推薦図書に選ばれる。
現在、フリーライターとして活動、日本に関する紹介記事を中心に雑誌などに寄稿。著書に『韓国人が書いた　韓国が「反日国家」である本当の理由』（彩図社）、『「反日モンスター」はこうして作られた 狂暴化する韓国人の心の中の怪物』（講談社）、『韓国「反日フェイク」の病理学』（小学館）がある。

韓国人が書いた
韓国で行われている「反日教育」の実態

2019年12月9日第一刷

著　者　　崔 碩栄

発行人　　山田有司

発行所　　株式会社　彩図社
東京都豊島区南大塚3-24-4
ＭＴビル　〒170-0005
TEL：03-5985-8213　FAX：03-5985-8224

印刷所　　新灯印刷株式会社

URL：https://www.saiz.co.jp

 ISBN978-4-8013-0413-0　C0131

本書は彩図社より刊行された『韓国人が書いた　韓国で行われている「反日教育」の実態』（2014年12月22日）に加筆修正を行い、文庫化したものです。